SYNAGOGE – KIRCHE – MOSCHEE

H, '01

SYNAGOGE – KIRCHE – MOSCHEE

KULTRÄUME ERFAHREN
UND RELIGIONEN ENTDECKEN

Christina Brüll, Norbert Ittmann,
Rüdiger Maschwitz, Christine Stoppig

Unter Mitarbeit
von Kerstin Keller und P. Nikolaus Nonn

KÖSEL

© 2005 by Kösel-Verlag GmbH & Co., München
Printed in Germany. Alle Rechte vorbehalten
Druck und Bindung: Kösel, Krugzell
Fotos: Martina Matthäi, Overath
Zeichnungen: Annika Maschwitz, Much
Umschlagmotive: Emanuele Taroni, Getty Images / Martina Matthäi, Overath
Umschlaggestaltung: fuchs_design, München
ISBN 3-466-36679-8

INHALT

VORWORT

Menschen aus verschiedenen Kulturen und Religionen leben miteinander in unserem Land. Sie leben ihre kulturellen Eigenheiten und praktizieren ihre besonderen religiösen Riten. Sie kleiden sich nach den Vorschriften ihrer Religion, achten auf die ethischen Gebote und errichten für ihren Glauben Gebäude. Synagogen, Kirchen und Moscheen bereichern das Bild unserer Städte. Sie sind Orte gelebter Religion.

Das sichtbare Nebeneinander von Synagogen, Kirchen und Moscheen bietet eine Gelegenheit, die andere Religion direkt kennen zu lernen. Bei einem Besuch oder einer Führung lassen sich oft erste Wege zum anderen unmittelbar und unkompliziert gehen.

Dieser Begegnung fühlen wir uns verpflichtet, wenn wir beispielhaft an einem Teilbereich der Religion, dem des Kultraums, nach den Gemeinsamkeiten der drei monotheistischen Religionen fragen. Um keiner vorschnellen Harmonisierung zu verfallen, beachten wir die Unterschiede und gehen jeder Religion in ihrer eigenen Ausprägung nach.

Als Einstieg und Zugang wählen wir das Erleben des Raumes in seiner Vielfalt. Daraus ergeben sich grundlegende Beobachtungen und Interpretationen für den Raum als Kultraum. Die Betrachtung von Synagoge, Kirche und Moschee ermöglicht sodann eine intensive Begegnung mit den drei monotheistischen Religionen. Da vielen Zeitgenossen auch die christlichen Räume und Inhalte nicht mehr vertraut sind, haben wir hier die Darstellung des Kultraums in eine orthodoxe, katholische und protestantische Betrachtung entfaltet. So hoffen wir, über der Erkundung des Raums das Fremde und das Vertraute in den Religionen gleichermaßen wahrzunehmen.

Aufgrund unserer Gesamtkonzeption der Raumerfahrung bieten wir im praktischen Teil sinnenhafte und ganzheitliche Zugangs- und Erlebnismöglichkeiten zu Synagoge, Kirche und Moschee an. Im Materialteil haben wir Arbeitsblätter erstellt, die zur Vorbereitung und zur Nacharbeit hilfreich sind.

Unsere Texte sind aus christlicher Sicht geschrieben. Jedoch haben uns Experten der Religionen beraten und in unserem Anliegen unterstützt. Die orthodoxen und katholischen Darstellungen sind unter Mithilfe von Kerstin Keller, Dortmund (orthodoxe Theologin) und Pater Nikolaus Nonn OSB von der Abtei Königsmünster in Meschede entstanden. Der jüdische und islamische Teil wurde kritisch durchgesehen von Dr. Edna Brocke, Leiterin der Alten Synagoge Essen, und Markus Gerhold, Düsseldorf (muslimischer Islamwissenschaftler). Allen sei an dieser Stelle für ihre Mitarbeit gedankt. Außerdem danken wir Martina Matthäi für ihre ausdrucksstarken Fotos, die dieses Buch bereichern, und Annika Maschwitz für ihre Zeichnungen und die Gestaltung der Arbeitsblätter.

Wir wollen mit unserer Darstellung dazu beitragen, die jeweils andere Geschwister-Religion besser zu verstehen und ein Hineindenken in andere religiöse Riten und Bedeutungen anzuregen. Wenn dabei das Bewusstsein für den eigenen Glauben neu geschärft wird, so haben wir ein wichtiges Ziel erreicht.

Christina Brüll / Norbert Ittmann / Rüdiger Maschwitz / Christine Stoppig

Teil 1

MENSCHEN GESTALTEN
RÄUME

Über die Funktion und
die Ausstattung von Räumen

Wie Räume entstehen

Menschen begegnen Landschaften. Sie beginnen in die Natur einzugreifen, sie zu kultivieren und zu gestalten. Es entstehen Orte, Wege, Felder. Menschen geben der Landschaft Struktur und damit eine Ordnung. Dadurch entstehen Räume. Die etymologische Bedeutung des Wortfeldes »Raum« nimmt diesen Vorgang auf und weist auf »Rodung, roden«, auf eine Tätigkeit des »Räumens« hin:

> *»Raum ... ist ... nicht an sich schon vorhanden, sondern wird erst durch eine*
> *menschliche Tätigkeit gewonnen, indem man ihn durch Rodung der Wildnis*
> *(die also nicht Raum ist) abgewinnt«* (Bollnow, S. 33).

Der Raum ist immer ein von Menschen gestalteter Raum. Er steht in Beziehung zu anderen Räumen durch Nähe und Ferne, Dichte und Vernetzung, Ränder und Grenzen, Anfang und Ende, innen und außen. Durch Gestaltung wird er dem Menschen vertraut und bekannt. Der so gestaltete Raum nimmt den Menschen bergend auf. Er gibt ihm das Gefühl von Geborgenheit ohne bedrängend zu werden. In ihm kann sich der Mensch frei bewegen. Im Raum gewinnt der Mensch Orientierung und Halt. *»Nur der bekannte, d. h. geordnete Raum bietet Schutz und Geborgenheit und ist somit sicheres Terrain. Die übrige Welt hingegen ist gefahrvoll und häufig Projektionsort für alles Unheil schlechthin ...«* (Gehlen, S. 385).

Früh zeigt sich die Wechselbeziehung zwischen Mensch und Raum. Der Raum ist das, was menschliches Leben unmittelbar umgibt. Ihn erfüllt der Mensch mit Leben. Damit wird der vertraute und bekannte Raum für ihn zum erlebten Raum, zum sicheren Ort und zur Heimat. So geschieht alles, was Menschen tun, erleben und erfahren, in bestimmten Orten und Räumen.

Menschen erleben Räume ambivalent

Der Raum lädt den Menschen zur Einkehr ein, zur Sammlung und Konzentration. Er gibt ihm Ruhe und schafft Intimität. Räume können Schutz und Geborgenheit ausstrahlen.

Aber der Raum kann den Menschen auch begrenzen, ihn festlegen, behindern und einengen (»ihm die Luft abschnüren«). Räume können Bedrückung und Gefangenschaft ausstrahlen.

Der Mensch ist Wanderer zwischen den Räumen und Wohnender in Räumen. Sie lösen in ihm beides aus: Heimweh nach Hause und Sehnsucht in die Ferne. *»Es ist das innerste Wesen des Menschen selbst, das er so weit außer sich in der Ferne sucht. Von da aus begreifen wir vielleicht die Entstehung der Sehnsucht. Denn wie kann der Mensch weit außer sich in der Ferne suchen, was doch sein eigenes Wesen ist? Erst wenn er sich im Getriebe des Alltags verloren hat, wenn er in seinem Hause nicht mehr »zu Hause« ist, wenn ihm die Heimat zur Fremde geworden ist, scheint in diesem unbefriedigenden Zustand der Selbstentfremdung der direkte Weg zur Erneuerung seines eignen Wesens verwehrt zu sein, und dann erscheint ihm in der dämmernden Ferne das Bild seiner verlorenen Heimat. Die Sehnsucht in die Ferne ist in der Tat das Verlangen, nach dem verloren gegangenen Ursprung, in dem das Leben noch echt war«* (Bollnow, S. 94).

Bahnhof: ein Ort des Kommens und Gehens

Der Mensch kommt an, fühlt sich durch den höhlenartigen Charakter des Raums aufgenommen und geborgen. Dennoch bleibt alles in Bewegung. Das gläserne, filigrane Dach lässt den Himmel spüren, das Außen ahnen.

Die Öffnung am Ende des lang gestreckten Raums erlaubt kein Niederlassen, kein Ausruhen und Heimischwerden, sie zieht sogartig in die Ferne, in die Weite.

Raum und Funktion

Räume sind immer Orte der Ankunft und des Aufbruchs. Sie unterliegen der Veränderung durch den Menschen. Sein Bedürfnis offenbart sich in dem Wunsch nach Beständigkeit und in der Offenheit zu einer Neugestaltung des Raumes. So werden Räume der Entwicklung des Menschen angepasst. Erst dann schenken sie ihm Heimat und verhindern gleichzeitig sein dauerhaftes Niederlassen. In dieser Ambivalenz von »Schöpfung« und »Exodus« (Auszug) werden die elementaren Dimensionen von Räumen erlebt:

(1) Jeder geschaffene Raum enthält eine im weiteren Sinne *religiöse Dimension*.
Er gewährt Schutz und Geborgenheit, gibt aber auch Freiheit. Er nimmt die Widersprüche menschlichen Lebens auf und bietet dazu Entfaltungsmöglichkeiten an: die Lust, sich zu bewegen und zu handeln sowie das Bedürfnis nach Stille, um einem Gedanken nachzuhängen oder einem Gefühl nachzuspüren.

(2) Jeder Raum enthält eine im übertragenen Sinne *soziale Dimension*.
Man lebt im Raum der Familie, einer Gruppe, einer Gemeinschaft. Sie schafft Raum zur nötigen Entwicklung des Lebens. Menschwerdung und Sozialität binden sich an Räume. Der Mensch braucht zu seiner Entwicklung die Erfahrung einer solchen Mitte, in der er im Raum verwurzelt ist und auf die all seine Verhältnisse im Raum bezogen sind. Das Leben des Menschen ist auf die Mitte bezogen. *»Das ist der Ort, wo er in seiner Welt wohnt, wo er zu Hause ist und wohin er immer wieder heimkehren kann«* (Bollnow, S. 123f).

Stadion: ein Ereignis wird zum Gemeinschaftserlebnis

Während der Veranstaltung wird der Mensch umhüllt von diesem Raum, gebildet durch Sitzreihen, gebildet durch ein Dach, das vor »Störungen« schützt und den umschließenden Charakter verstärkt, gebildet aber auch aus einer Masse von Menschen, von Gleichgesinnten. Das »Eintauchen« in die Masse erlaubt ein Sich-selbst-Verlieren in Emotionalität, in eine Erlebnisdichte, die von vielen geteilt wird. Gemeinsame Rufe, Chöre, Bewegungen unterstützen diese Dichte. Trotz der großen Gesamtmaße entsteht zur Mitte, zum dort Stattfindenden eine Nähe, frei von Hindernissen.

(3) Jeder gebaute Raum strahlt eine *Atmosphäre* aus. Sie entsteht

- ☐ durch die Beschaffenheit und Materialität des Raumes,
- ☐ durch seine Einrichtung und Gestaltung (Belichtung, Akustik, Gerüche und sinnlich Wirkendes),
- ☐ durch die Menschen im Raum, ihre Gesten und Haltungen, ihre Kleiderordnung und
- ☐ durch das, was im Raum an Handlungen, Zeremonien und Ritualen vollzogen wird.

Konzertraum: ein Ort der Einkehr und Zentrierung

Die nest- bzw. bauchartige Atmosphäre des Raumes nimmt den Menschen gefangen. Sein Abstieg in die Tiefe des Raumes führt ihn in das Innere der Klänge wie des eigenen Selbst. Klang als Urerfahrung des Menschen und die Zentrierung auf die Mitte verbinden sich, fördern Konzentration und Aufmerksamkeit. Dies ereignet sich im Einklang des Einzelnen mit den anderen.

Räume geben Auskunft über den Menschen

Raum ist immer freier Raum für etwas, für Gestaltung, für Bewegung, für die freie Entfaltung des Menschen. Raum wird zum Entfaltungsraum menschlichen Lebens.

Der Mensch gestaltet und prägt den Raum. Er wird zu einem Teil menschlichen Lebens. Mit einem System von Beziehungen und Zusammenhängen, von Licht, Farbe und Bewegung, von Formen und Zeit wird er zu einem Ort vielfältiger Sinneswahrnehmungen. Der Raum wird als »lebender Organismus« erfahren, der sich im Dialog mit seinen »Bewohnern« und der Gesellschaft verändert. So entsteht eine Gegenseitigkeit zwischen Mensch und Raum. Der Mensch gestaltet den Raum. Der Raum beeinflusst die menschliche Seele. Die Äußerlichkeit des Raumes verändert die Innerlichkeit des Menschen.

Bankgebäude: ein Ort der Sehnsucht nach Sicherheit, Status, Macht, Ansehen

Die gänzlich geschlossene Außenfassade mit ihrer massiven Dichte wirkt auf den Besucher wie eine uneinnehmbare Burg. »Ein feste Burg ist unser Geld!« Er fühlt sich nicht willkommen, eher unerwünscht. Sein Eindringen in den Raum kommt einer Störung, einer Verletzung gleich. Die Öffnungen in der Innenseite besitzen einen sehr rational, streng geordneten Charakter, zu dem sinnlich kein Gegengewicht gesetzt wird.

Das Wissen um den Sicherheitsaspekt des hier eingelagerten bzw. verwalteten Geldes des Menschen kann das erlebte Unbehagen nicht aufwiegen.

Jeder Raum besitzt mit seiner Einrichtung eine eigene Atmosphäre und Identität. Er unterscheidet sich von anderen Räumen. Es entsteht eine Vielfalt gestalteter Räume. Sie sind nicht nach einheitlichen, für alle Räume verbindlichen Normen geformt. Ihre Ausdifferenzierung kommt den unterschiedlichen Bedürfnissen und Interessen der »Bewohner« entgegen. So sind Flughafen und Bahnhof Orte der Sehnsucht nach Weite und Ferne; Banken Orte der Sehnsucht nach Sicherheit, Status, Ansehen, Macht; Stadion und Oper Orte der Sehnsucht nach Gemeinschaft und Vergewisserung.

Räume erfüllen Erwartungen, wollen nicht enttäuschen. Trotz Vielfalt vermitteln sie die Kontinuität des immer gleich Gültigen, des Ur-Typischen, des Sinngebenden. Räume stillen die menschliche Sehnsucht nach Erfüllung von Grundbedürfnissen, wecken Träume vom Einklang mit Tiefe und Weite, halten die Hoffnung auf Erneuerung von Kraft und Energie wach.

Es sind Räume der Unruhe und Erregung, des Pathos der Erinnerung, der Versuchung von Macht. Es sind Räume der flüchtigen Benutzung und des dauernden Verweilens. Es sind Kulträume als eigene Systeme mit je eigenen bedeutungsvollen Ritualen und Verhaltensweisen, ausgestattet mit Symbolen des je eigenen Angebots von Sinn und gestaltet mit architektonischen Zeichen der Wiedererkennbarkeit.

So sind Räume Ausdrucksmittel des menschlichen Strebens und Hoffens. Sie geben Auskunft über den Menschen. Sie sind *Lebens-Räume*.

Erste Entdeckungsreise durch Räume

Probieren Sie Ihre erste Erkundung ruhig an einem vertrauten Raum aus. Das können Supermarkt, Schwimmhalle oder Schule sein. Greifen Sie die Fragen heraus, die Sie ansprechen oder zu denen sich Ihnen erste Assoziationen einstellen.

Außenperspektive

1. *Wo liegt der Raum?*
   Wie ist er erreichbar?

2. *Wie ist der Raum gestaltet?*
   Wie sieht er aus?
   Welche Maßstäblichkeiten lassen sich erkennen?
   Welcher Zweck wird damit verfolgt?
   Enthält er besondere Kennzeichen?

3. *Lassen seine Besonderheiten etwas über die Funktionen erkennen?*

Innenperspektive

1. *Stilles Eintreten:*
   Welche Atmosphäre strahlt der Raum aus?
   Welche Sprache spricht der Raum?
   Ist es hier hell, freundlich, einladend oder verhangen, Furcht einflößend?
   Will ich hier gern bleiben oder drängt alles in mir nach draußen?

2. *Welche Sinne spricht der Raum an?*
   Was sehe ich?
   Was rieche ich?
   Was höre ich?
   Was fühle ich?

3. *Den Raum entdecken:*
   Die Perspektiven wechseln:

   a) *Innerhalb des Raumes verschiedene Standorte erproben.*
   b) *Bei mir selbst: als Kind, Jugendlicher, Rollstuhlfahrer, Erwachsener, älterer Mensch den Raum wahrnehmen.*

   Einen Platz finden, der mir gefällt.
   Einen Platz nennen, der mich abstößt.
   Hat der Raum eine Mitte?
   Wie ist seine Mitte gestaltet?

4. *Gegenstände des Raumes benennen:*
   Welche Farben, Lichtverhältnisse, Bilder, welcher Schmuck gestalten den Raum?
   Was nimmt meinen Blick gefangen? Wo bleibt mein Auge hängen? Blickpunkte des Raumes.

5. *Lassen der Raum und seine Gestaltungsmittel auf Religiöses schließen?*
   Was kann man hier wie tun? (z.B. Singen und Spielen, Tanzen und Bewegen, Reden und Hören)
   Welche religiösen Symbole sind hier zu entdecken?
   Welcher Glaube wird hier wie gelebt?

6. *Informationen darüber sammeln, wie der Raum von den Besuchern genutzt, gestaltet, gelebt und erlebt wird:*
   Was tun Menschen in diesen Räumen?
   Was macht den Raum »heilig«, »sakral«?

Der Kultraum der Religionen als religiöser Ort

Jede Religion gestaltet Räume und lebt durch Räume. Ihre Kulträume prägen mit ihrer Atmosphäre oft tiefer und unauffälliger das Glaubensbewusstsein der Menschen als das verkündete Wort. Als heiliger Ort gewinnt der Kultraum vielfältige Funktionen.

Der Raum wird für Menschen zu ihrem religiösen Kultraum,

❒ weil er von ihnen als bevorzugter Kommunikationsort zu jenseitigen Mächten, zu Göttern oder Geistern angesehen wird (*Raum der Beziehung zur Gottheit*),

❒ weil sie seine Sakralität (Heiligkeit) mit Erzählungen wie Legenden oder Mythen begründen (*Raum der Erzählungen*),

❒ weil sie in ihm religiöse Handlungen vollziehen (*Raum für kultische Inszenierungen*),

❒ weil er von ihnen als Kristallisationsort des Zusammenschlusses und der organisatorischen Selbstversicherung ihrer Kultgemeinde erlebt wird (*Raum der Gemeinschaft*),

❒ weil er von ihnen durch festgelegte Riten, Körperhaltungen und Gesten, Gebete und Rezitationen heiliger Texte geschützt und von anderen Kultgebäuden abgegrenzt wird. So dient er der Vergewisserung des eigenen Glaubens und der Verehrung der Gottheit (*Raum der Erlebnisse*),

❒ weil sie ihn mit Gegenständen ausstatten, die für sie emotional besetzt sind (*Raum der geschichtlich-biografischen Dimension*).

Im Erleben von Stille und Schweigen, im freien Tun des Einzelnen wie beim festen Ritual der Gemeinschaft erfahren Glaubende die besondere Atmosphäre ihres religiösen Kultraums. Er wird damit zum Raum gelebter Religion. Diese Atmosphäre bereitet den Boden, damit das Heilige erfahren werden kann.

Der Kultraum ist sichtbar. Er ist als Kultraum erkennbar. Er unterscheidet sich deutlich von anderen öffentlichen Räumen. Seine Originalität wird durch seine Architektur bewahrt, jedoch auch durch besondere Formen und Riten. Seine Architektur macht ihn signifikant, weist auf etwas hin und enthält eine Lehre. Wir können daher von einer theologischen Architektur sprechen:

So werden »*in sakralen Architekturen ... die symbolischen Ordnungen einer Gesellschaft in Raum und Zeit manifest. In ihrer Komplexität sind sie Ausdruck und Bezugspunkt kultureller Identität und geben somit wesentlichen Aufschluss über die Traditionen, Werte und Verbindlichkeiten einer Kultur*« (Gehlen, S. 387).

Der eigene religiöse Ort, die eigenen Gebäude, besondere Rituale, Normen und Kleidungsstile geben einer Gruppe ihre religiöse Identität, die sie eindeutig von anderen Gruppen ihres Umfeldes abhebt. So sind religiöse Räume für den Gläubigen das Zeichen für die Beständigkeit der Werte, die durch die göttliche Präsenz am Ort der Verehrung gesichert werden.

Die Besonderheiten des Kultraums

Der **Zutritt** zum Kultort besitzt hohe kultische Bedeutung. Seine »Schwelle« markiert die Grenze zwischen innen und außen, zwischen öffentlich und privat, zwischen erlaubt und unerlaubt. Sie ist Hemmung, Hindernis. Sie ist mit Erwartungen und Erinnerungen, mit bestimmten Situationen und Handlungen emotional hoch besetzt. In den Religionen haben sich vielfältige Riten zum Überschreiten der Schwelle entwickelt, die diesen Übergang (Ankunft wie Abgang) markieren, ihn erleichtern oder auch erschweren: Waschungsriten, Ablegen der Schuhe, Bekreuzigen mit geweihtem Wasser, Abnehmen oder Aufsetzen der Kopfbedeckung der Männer, Verhüllen des Haars bei den Frauen. Immer geht es dabei um geänderte Körperhaltungen, andere Bewegungsabfolgen (ruhig, leise, bedächtig, gebeugt), sinnenhaft Erfahrbares. Die Mehrzahl der Riten bereiten die kultische Reinheit vor für den Eintritt in den Raum des Geheimnisvollen, den Raum einer anderen Wirklichkeit, den Machtbereich der Gottheit, für die Begegnung mit dem Heil. Damit markiert die Schwelle den Durchgangsort zu neuem Leben.

Jeder Kultort enthält Zeichen der Wiedererkennung. Der Mensch braucht diesen Blickfang zum Festmachen der Erinnerung, um wiederkehren zu können und sich zu Hause zu fühlen. Solche **Orientierung** des Kultraums wird zum wesentlichen Kennzeichen sakraler Architekturen. *»Dabei gehört vor allem die Ostung von Kultbauten und -handlungen, ihre Anbindung an den Sonnenlauf, zu den am meisten verbreiteten kulturellen Grundmustern«* (Gehlen, S. 387). Orientierung bedeutet dem ursprünglichen Wortsinn nach die Ausrichtung von Körperhaltungen, Bewegungen und Raumkonstruktionen nach Osten (»Ostung«); im weiteren Sinne meint es die Vorgänge und Einstellungen, mit denen Gläubige ihr Verhalten im Raum und zum Raum ordnen. Dabei können landschaftliche Merkmale besonders starke Emotionen auslösen. Kultorte stellen oft Zufluchtsstätten dar (Asylfunktion). Doch erst die religiöse Markierung macht aus einem faszinierenden Ort eine heilige Stätte. Dazu gehören die rituelle Einweihung, eine dauerhafte Kennzeichnung und meist auch regelmäßig wiederholte Riten.

Die Beobachtung fasziniert, dass der Kultort beim Wechsel der Religionen seine heilige Bestimmung behält, während der Kultinhalt sich wandelt. Als Beispiel sei die Umwandlung der Hagia Sophia in Konstantinopel vom christlichen in einen islamischen Kultraum genannt.

Kultorte sind im weitesten Sinne **Wallfahrtsorte**, Orte, auf die man sich zubewegt, von denen man sich wegbewegt und an die man sich in der Ferne erinnert; Orte voller ritueller Handlungen und Aktionen. Sie werden mit der Erwartung aufgesucht, dass sich hier wiederholt, was sich früher als etwas Außergewöhnliches ereignet hat, etwa das erstmalige Erscheinen der Gottheit. Vor allem uralte und bewährte Wunderorte sowie Stätten der Geburt, der Bekehrung, des Wirkens und des Todes von Religionsstiftern und Heiligen sind es, die die Gläubigen an sich ziehen. So bezeichnet »Wallfahrtsort« eine durch ein Gnadenbild, eine Reliquie oder Ähnliches berühmte heilige Stätte, die die Gläubigen aufsuchen zur Buße, Segnung, Heilung, Erleuchtung oder um religiöse Verdienste zu erwerben. Die Wallfahrt wird zur Bewegung vom profanen zum sakralen Ort.

Kultorte als Räume gelebter Religion werden für die Glaubenden zur Heimat. Hier fühlen sie sich geborgen und sicher. Hier schöpfen sie Zuversicht und Gewissheit für das Leben »draußen«. Hier erinnern sie sich der lebensgeschichtlichen Krisen, die sie mit Hilfe der Religion und des Ritus überwinden konnten. Die Religionen bieten dem Einzelnen wie der Gruppe eine Fülle von liturgischen Passageriten an, die meist an den Kultraum gebunden sind.

Die Funktionen des Kultraums

Gläubige suchen den Kultraum auf, der verschieden ist von allen anderen Orten. Der gestaltete Raum beeinflusst umgekehrt ihren Glauben wie die Handlungen und Riten, die im Raum vollzogen werden. Die Gläubigen verbinden den Besuch des Kultortes mit unterschiedlichen Erwartungen. Diese zeigen ihre existenziellen Bedürfnisse und sind oft auch Spiegelbilder der Gesellschaft und Kultur. Die Gläubigen erhoffen sich

- ❏ Schutz und Abwehr des Bösen,
- ❏ die Heilung von körperlichen und seelischen Leiden, die Erlösung vom ewigen Tod, vom Kreislauf der ewigen Wiedergeburt, von der Vergänglichkeit,
- ❏ die Wiederherstellung des Gleichgewichts zwischen der Gottheit und den Menschen (Versöhnung) sowie die Aufhebung gestörter Beziehungen zwischen den Menschen,
- ❏ Stärkung, Kraftzuwachs und Energieübertragung,
- ❏ eine heilende Auseinandersetzung mit den Ahnen,
- ❏ ein Einswerden mit dem Kosmos.

Der Kultraum bringt den Menschen in eine besondere Haltung. Er verhält sich hier anders als in anderen Räumen, öffentlichen wie privaten. Er wird zum Betenden, zum Hörenden, zum Singenden, zum Nachdenklichen.

> *»Darum sprechen wir dort anders, verhalten uns anders, werden ruhiger oder auch unruhiger durch die Ruhe der Räume. Räume erbauen uns, wenn wir uns erbauen lassen« (Steffensky, S. 5).*

Zur Heiligkeit des Kultraums

Räume, die durch die Wirksamkeit des Numinosen (das unbegreiflich Überwältigende der göttlichen Gegenwart) ausgezeichnet sind, werden zu heiligen Räumen. Das Heilige offenbart sich am Ort. Diesen Ort findet man in der Natur, im heiligen Hain, auf dem heiligen Berg oder an anderen herausgehobenen Stätten (Teiche, Quellen, Höhlen). Diese Orte können bestimmte Naturgegebenheiten sein oder an eigens dafür errichteten Achsen liegen, gekennzeichnet durch einen heiligen Pfahl oder einen Stein etwa, oder von Menschen künstlich errichtete Gebäude. Es sind immer Orte, an die Ursprungsmythen gebunden sind.

Von der etymologischen Entwicklung her meint das Wort »heilig« das, was der Gottheit als Eigentum gehört, eine kultische Absonderung, die in Distanz gegenüber dem Profanen besteht. Das Profane ist das vor dem geheiligten Bezirk, dem *fanum* Liegende. So ist es eigentlich das Heilige, das das Profane ermöglicht. Das Heilige setzt im wörtlichen Sinn das »pro-fanum«, den »Freiraum« vor dem Heiligen, frei, wo man ungefährdet handeln und arbeiten kann. Die Welt birgt vielfältige Gefahren. Das Heilige aber sorgt dafür, dass es einen umhegten, geschützten Raum gibt, in dem sich der Mensch frei bewegen kann.

Dieser heilige Raum *»erbaut mich, insofern er anders ist als die Räume, in denen ich wohne, arbeite und esse. Ich kann mich nicht erkennen; ich kann mir selbst nicht gegenübertreten, wenn ich nur in Räumen und Atmosphären lebe, die durch mich selbst geprägt sind, die mir allzu sehr gleichen und die mich wiederholen. Die Räume, die mich spiegeln – das Wohnzimmer, das Arbeitszimmer – gleichen mir zu sehr. Der fremde Raum ruft mir zu: Halt! Unterbrich dich! Befreie dich von deinen Wiederholungen. Er bietet mir eine Andersheit, die mich heilt, gerade weil sie mich nicht wiederholt, sondern mich von mir wegführt. Kirchen heilen, insofern sie nicht sind wie wir selber«* (Steffensky, S. 5).

Der hervorgehobene Ort kennzeichnet den Mittelpunkt der Erde, den »Nabel« der Welt, den Omphalos, die Stelle, an der sich Himmel und Erde berühren. Von ihr gehen die heilenden, Segen spendenden Kräfte aus, die die Gläubigen in kultischen Zeremonien und Prozessionen oder bei ekstatischen Verzückungen auf sich durch Berührung zu übertragen hoffen. Alle Religionen vermitteln den Menschen diese Mitte der Welt und zugleich die Mitte ihres Lebens. Der Kultraum gewinnt damit einen eigenen und selbstständigen Wert. Er ist herausgehoben aus dem weiten Horizont der Welt und abgegrenzt von den alltäglichen, profanen Räumen des Lebens. Er hat seine besondere Macht und Würde. Er *»wird Stätte, indem der Mensch sich darauf hinstellt, darauf steht. Er hat die Macht des Orts erkannt, er sucht sie oder meidet sie, er trachtet sie zu stärken oder abzuschwächen, aber in jedem Falle nimmt er den Ort als Stätte heraus«* (van der Leeuw, S. 445).

So eröffnet der religiöse Kultraum die Begegnung mit Gott. Er ist der Ort, an dem Gott gegenwärtig ist. Die hohe Heiligkeit des Raumes wird durch die Präsenz der Gottheit legitimiert. An diesem Ort kann die Hingabe des Menschen (z.B. im Opfer) Gott erreichen. Er besitzt Brückenfunktion, wird zum Verbindungsglied zwischen Himmel und Erde.

> **»Wer eine Kirche aufsucht, betritt einen Raum, der für eine andere Welt steht. Ob man das Heilige sucht, ob man Segen und Gottesnähe sucht oder schlicht Ruhe, ob ästhetische Motive im Vordergrund stehen – immer spricht der Raum: durch seine Architektur, seine Geschichte, seine Kunst, seine Liturgie. Kirchen sind Orte, die Sinn eröffnen und zum Leben helfen können, Orte der Gastfreundschaft und Zuflucht. Sie sind Räume, die Glauben symbolisieren, Erinnerungen wach halten, Zukunft denkbar werden lassen, Beziehungen ermöglichen: zu sich selbst, zur Welt, zu Gott.«** (Synode der EKD 2003, S. 1)

Was hier für den Kultraum »Kirche« entfaltet wird, gilt für die meisten religiösen Räume. Sie sind als heiliger Ort ein Raum gelebter Religion, ein Ort der Ruhe, der Stille, der Versenkung, der Meditation in der Zeit. Solche Räume sprechen die Sinne des Menschen an.

Sie sind:

- ❏ Räume des Hörens (von Geschichten, Musik, Worten),
- ❏ Räume des Sehens (von Bildern, Personen und Riten),
- ❏ Räume des Riechens (von Weihrauch, Düften),
- ❏ Räume des Tuns,
- ❏ Räume des Denkens,
- ❏ Räume des Glaubens.

Literaturhinweise

Otto Friedrich Bollnow, Mensch und Raum, 8. Aufl. Stuttgart 1997.

Rolf Gehlen, Art. Raum, Handbuch religionswissenschaftlicher Grundbegriffe IV, 1998, 377–398.

Kundgebung der 10. Synode der Evangelischen Kirche in Deutschland auf ihrer 1. Tagung, 22.–25. Mai 2003 in Leipzig: www.ekd.de/synode2003/aufbau_beschluesse_kundgebung.html

Geradus van der Leeuw, Phänomenologie der Religion, 2. Aufl. Tübingen 1956.

Wolfgang Meisenheimer, Choreographie des architektonischen Raumes. Das Verschwinden des Raumes in der Zeit, Düsseldorf 1999.

Fulbert Steffensky, Der Seele Raum geben – Kirchen als Orte der Besinnung und Ermutigung, Referat auf der EKD–Synode 2003 (im Internet abrufbar unter: www.ekd.de/synode2003/aufbau_steffensky_kirchen.html)

Udo Tworuschka (Hrsg.), Heilige Stätten, Darmstadt 1994.

Teil 2

RÄUME UND ORTE DER RELIGIONEN ERZÄHLEN VOM GLAUBEN

Der Sakralraum von Juden, Christen und Muslimen

DAS GEBÄUDE ALS ORT
DES GLAUBENS

Synagogen, Kirchen und Moscheen sind Gebäude, die von Gläubigen für Gläubige errichtet wurden. Dort treffen sie sich, um Gott anzubeten, um religiöse Zeremonien und kultische Handlungen durchzuführen, um Gottesdienste zu feiern und um ihre Gemeinschaft zu erleben. Die Ausstattung der Gebäude ist auf diese religiöse Praxis hin abgestimmt. Alles in der Gestaltung der Gebäude hat einen tiefen Sinn für den Glauben. Die Inneneinrichtung ist meistens sehr unterschiedlich, enthält aber typische Gegenstände für die jeweilige Religion.

Im Folgenden wird jeweils das Gemeinsame der drei großen monotheistischen Religionen Judentum, Christentum, Islam aufgezeigt, sodann das jeweils spezifisch Eigene und Besondere.

Synagoge, Kirche und Moschee sind zentrale Orte von Judentum, Christentum und Islam. Sie sind:

❐ Ort der Verehrung Gottes,
❐ Ort der Verkündigung und Weitergabe der religiösen Überlieferungen,
❐ Ort wichtiger Riten und kultischer Zeremonien und
❐ Ort der Erfahrung von Gemeinschaft.

Im Grundriss des Raumes, in der sakralen Architektur und ihrer Symbolik spiegelt sich das Selbstverständnis der Religion in ihrem geschichtlichen Verlauf.

Die bauliche Orientierung des Gebäudes nimmt zentrale Deutungsmuster der Religion auf. Jüdische Kulträume wurden nach Jerusalem ausgerichtet, christliche in Richtung Sonnenaufgang (»Ostung«), muslimische Betende orientieren sich nach ihrem Zentralheiligtum, der Kaaba in Mekka. Orte kann man so als »Orientierungsnorm« interpretieren.

Synagogen können ganz unterschiedliche architektonische Formen haben, wobei der Thoraschrein als einziges notwendiges Bauelement nach Jerusalem weist. Christen setzen die Orientierung ihres Kirchengebäudes mit seinem Haupt, der Apsis, nach Osten in Beziehung zur Erwartung des wiederkehrenden Christus – so wie im Osten folglich die Sonne wieder aufgeht. Der muslimische Raum zentriert sich auf die Gebetsnische, die immer nach Mekka weist (in Deutschland z.B. 25 Grad Südost). Kirchengebäude sind meist längs ausgerichtet, Moscheen dagegen quer.

Die architektonische Ausrichtung kann auch weitere religiöse Handlungen bestimmen, so etwa durch die Anordnung des Altars in der Kirche bzw. der Gebetsnische in der Moschee. Auch rituelle Handlungen außerhalb des Gebäudes können von dieser Ausrichtung geprägt sein, beispielsweise die Bestattung der Toten, die im Islam nach Osten bzw. gen Mekka blickend bestattet werden.

Synagoge

Geschichtliche Entwicklung

Das Zentralheiligtum für Juden war der Tempel in Jerusalem. Den biblischen Schriften zufolge wurde er von König David geplant und von König Salomo im 10. Jahrhundert v. Chr. erbaut (1 Könige 3–9). Dieser Erste Tempel wurde als »Wohnort Gottes« verstanden. Der Tempel versinnbildlichte die Erfüllung der Verheißungen des Gottes Israels an sein Volk im gelobten Land.

Jerusalem galt und gilt bis heute als die heilige Stadt des jüdischen Volkes. Im Tempel wurde der in der jüdischen Bibel geforderte Opferkult vollzogen. Andere lokale Opferstätten existierten zwar noch eine Weile im Land, wurden aber mit der Zeit abgeschafft. Alles konzentrierte sich auf den Tempel in Jerusalem. Die erste Beschädigung des Tempels durch die Babylonier 587/586 v. Chr. löste eine doppelte Krise aus. Weil Jude-Sein mehr bedeutet als nur eine Zugehörigkeit zu einer Religionsgemeinschaft, sondern zugleich und ebenso bedeutsam eine Zugehörigkeit zum jüdischen Volk ist, war es sowohl eine nationale als auch eine religiöse Krise.

Ein Großteil des Volkes wurde ins babylonische Exil verschleppt. Dort konnte der Opferkult natürlich nicht aufrechterhalten werden, weshalb man sich zu jenen Zeiten am Tag zusammenfand, an denen im Tempel die Opfer dargebracht worden waren. Man sprach lediglich das »Schma Jisra'el« (= »Höre Israel«, Dtn 6,4) und ging wieder auseinander. Dies war der Beginn eines synagogalen Wortgottesdienstes, der sich langsam im Laufe der Jahrhunderte in der Diaspora entwickelte.

In Babylonien finden sich die frühsten archäologischen Reste von Synagogen, aber mit der Zeit entstanden auch in anderen Diasporasituationen Synagogen als Treffpunkte und Gebetsstätten der versprengten Juden. Sehr langsam entwickelte sich der Brauch, tradierte hebräische Texte vorzutragen und sie zum Teil auch in das inzwischen als Volkssprache gebräuchliche Aramäische zu übersetzen.

Die Sehnsucht nach politischer Selbstständigkeit, aber auch die nach dem Tempel in Jerusalem blieb wach und erfüllte sich ab 520 v. Chr. mit der durch den Perserkönig Kyros ermöglichten Rückkehr vieler Exilanten. Man begann die Mauern des Ersten Tempels wieder hochzuziehen und aus ihm den Zweiten Tempel zu gestalten.

Nach dessen Weihe wurde der Opferkult in Jerusalem wieder aufgenommen, doch blieben die Synagogen in der Diaspora bestehen. Mit der Zeit entstanden auch in Israel erste Synagogen. Um die Zeit der Entstehung des Christentums gab es in jeder größeren Stadt eine Synagoge, aber religiöses Zentrum war der Tempel, zu dem man zu den größeren Festen pilgerte.

Nach der Zerstörung des Tempels 70 n. Chr. durch die Römer und damit des erneuten Endes des Opferkultes gewannen die Synagogen wieder größere Bedeutung. Sie waren der Ort, an dem die Juden sich in der Fremde treffen konnten, und wurden so zum Mittelpunkt des liturgischen religiösen Lebens. Mit der Zeit entwickelten sich spezifische Liturgien und Gottesdienstformen, die zum Teil bis heute erhalten sind. Aber auch als sozialer Ort spielten die Synagogen eine große Rolle für das jüdische Leben. Trotzdem gilt auch heute noch für viele Jüdinnen und Juden der Tempel in Jerusalem als eigentliches Heiligtum. Dies äußert sich zum einen z.B. in dem liturgischen Gruß am Ende jeden Pessachfestes: »Nächstes Jahr in Jerusalem!«, zum anderen in den erbitterten Auseinandersetzungen in Jerusalem um das Gebiet des Tempelberges und der so genannten Klagemauer, die einziges Überbleibsel des salomonischen Tempels ist. Die Synagogen, die durch die Zerstreuung des jüdischen Volkes in der ganzen Welt entstanden sind, spielen eine wichtige Rolle in der Ausübung des jüdischen Lebens und der gelebten Religiosität, aber sie wurden nie wie der Tempel als Heiligtum betrachtet.

Als Zentren jüdischen Glaubens sind Synagogen im Laufe der Jahrhunderte immer wieder Angriffen Andersgläubiger ausgesetzt gewesen und bis heute ausgesetzt. Ein trauriger Höhepunkt war die Reichspogromnacht am 9. November 1938 in Deutschland, in der neben Wohnhäusern und Geschäften viele Synagogen beschädigt, zerstört und in Brand gesetzt wurden.

Äußeres Erscheinungsbild

Synagogen weisen in der Regel keine spezifische Architektur auf, durch die sie schon von außen als solche erkennbar sind. Oft wurden und werden sie im Stil des jeweiligen Landes gebaut, so z.B. die einfachen Holzsynagogen in Polen im 17. und 18. Jahrhundert oder die modernen Synagogen in den USA heute.

In Deutschland kann man am Synagogenbau in den letzten Jahrhunderten deutlich erkennen, welche Akzeptanz das Judentum jeweils zu haben glaubte. Einen ersten Höhepunkt hatte der Synagogenbau im Mittelalter, als – wie etwa in Worms – eindrucksvolle Synagogen gebaut wurden. Die Juden meinten in dieser Zeit akzeptierte Handelspartner und Bürger zu sein. Doch schon in der Zeit der Kreuzzüge kam es ab dem 12. Jahrhundert zu Verfolgungen und zu einer zunehmenden Verschlechterung der rechtlichen Stellung.

Im ausgehenden Mittelalter wurden die Juden schließlich mit Gewalt aus vielen deutschen Städten vertrieben. Manche flüchteten nach Osten oder in den Süden, andere zogen aufs Land. Es entstanden kleine Landgemeinden mit Wohnhaus-Synagogen. Möglichst unauffällig gestaltet, oft in eine Häuserzeile eingebettet, boten diese einfachen Betsäle eine Versammlungsmöglichkeit, ohne zu viel Aufmerksamkeit auf sich zu ziehen.

Im Zuge der rechtlichen Gleichstellung auch des Judentums im 18. und vor allem im 19. Jahrhundert wurden die jüdischen Gemeinden selbstbewusster. Auf dem Land, vor allem im süddeutschen Raum, entstanden kleine, barocke Synagogen mit reich ausgestatteten Innenräumen. Mit der rechtlichen Gleichstellung ging für Juden auch die Erlaubnis einher, in die Städte zurückkehren zu dürfen.

Nach dem Ende des Ersten Weltkrieges wuchsen viele jüdische Gemeinden durch Zuzug aus Osteuropa (vor allem Polen) an. Mit dem Aufstieg mancher Juden in das Bürgertum und der zunehmenden Anpassung an die deutsche Mehrheitsgesellschaft nahmen auch die Synagogenbauten immer stärker Anleihen an Kirchenbauten.

Die Kölner Synagoge

Die Synagoge am Steeler Tor in Essen (heute die Begegnungsstätte »Alte Synagoge«)
oder die unter DDR-Herrschaft zerstörte Synagoge in der Oranienburger Straße in Berlin (deren Kuppel rekonstruiert worden ist) sind Beispiele für diese Epoche des Synagogenbaus.

Mit der Machtübernahme der Nationalsozialisten ab 1933 fanden alle Versuche einer Annäherung ein Ende. Zahlreiche Synagogen wurden gezielt zerstört oder beschädigt.
Wenige blieben erhalten, etwa weil man angrenzende Wohnhäuser schützen wollte.
Wem von der jüdischen Bevölkerung nicht Auswanderung oder Flucht gelang, der wurde
deportiert und geriet in die unmenschliche Vernichtungsmaschinerie der Nazis.

Nach Ende des Zweiten Weltkriegs gab es in allen Zonen Deutschlands nur wenige
Juden. Jüdisches Leben sowohl in der DDR wie in der Bundesrepublik begann nur zaghaft
und blieb bescheiden. Daran änderte der starke zahlenmäßige Zustrom aus den ehemali-
gen Ostblockländern seit 1991 wenig.

Bedrohungen heutiger Synagogen durch Neonazis, aber auch durch islamische und
arabische Kräfte machen seit etwa zwanzig Jahren den Schutz von Synagogen durch die
deutsche Polizei notwendig – und die Synagogen damit sichtbar.

Funktionen des Gebäudes

Das Wort Synagoge stammt aus dem Griechischen und bedeutet Versammlung. Im Hebräischen gibt es drei Bezeichnungen: »Beth ha-Knesset« = Haus der Versammlung/Begegnung, »Beth ha-Midrasch« = Haus des Studiums und »Beth ha-Tefilla« = Haus des Gebets. Im jiddischen Sprachgebrauch heißt es »Schul« oder »Schil«; damit ist aber nicht nur der Lernort gemeint, sondern auch der Raum der Gemeinschaft, des Gottesdienstes und des täglichen Gebets.

Eine Synagoge ist weder Opferstätte noch Heiligtum. Dies war der Tempel in Jerusalem. Eine Synagoge ist vor allem Treffpunkt der Gemeindemitglieder und somit auch ein soziales Zentrum, in dem sich die Gemeinde zum Lernen, Beten und für gesellschaftliche Aktivitäten trifft. Sie ist also ein Gemeindezentrum mit vielen Funktionen und Räumen: Klassenzimmern, Büros, einer Küche (in Köln z.B. gehört zur Synagoge auch ein koscheres Restaurant), Garderoben, Jugendzentrum, oft auch mit einem rituellen Tauchbad, einer Bücherei und natürlich mit dem Raum für Gottesdienste. Mit Synagoge kann also ein ganzer Komplex von Räumlichkeiten bezeichnet werden, der fast alle Bereiche des jüdischen Lebens umfasst.

Das Wort Synagoge kann damit sowohl spezifisch für den Gottesdienstraum als auch als Bezeichnung für die Gemeinde und deren Gemeinschaftsräume verwendet werden.

Kirchen

Geschichtliche Entwicklung

Kirchen gehören zum vertrauten Ortsbild unserer Dörfer und Städte, sie sind Zeitzeugen und kennzeichnen ein Stück Heimat.

Das Wort Kirche ist abgeleitet vom griechischen *kyriaké* – »zum Herrn gehörig«. So nannten die ersten Christen den »Tag des Herrn«, also den Sonntag, und bald auch den Ort der sonntäglichen Versammlung, das Gotteshaus. Auf diesem Wege wurde Kirche über das Gottesdienstgebäude hinaus auch zur Bezeichnung der Versammlung und Gemeinschaft der Gläubigen selbst und schließlich der institutionellen Organisation.

Ursprünglich trafen sich die Christen in Privathäusern. Sie lebten – so beschreibt es die Apostelgeschichte – anfangs ganz in der jüdischen Tradition. Sie besuchten den Tempel, hielten sich an die entsprechenden religiösen Gepflogenheiten und brachen in ihren Häusern das Brot (Apg 2 und 3). Bald aber kam es zu Auseinandersetzungen mit dem Judentum und zu bewussten Abgrenzungen. So waren die Christen zunehmend auf ihre Privathäuser als Versammlungsort angewiesen. In dem Raum für die gemeinsame Mahlfeier stand in der Mitte ein großer Tisch, dies war der Vorläufer des Altars. Als diese Räume nicht mehr groß genug waren, stellten reichere Christen ganze Häuser zur Verfügung.

In dem ältesten bekannten Fund wurde in Dura Europos, einer römischen Garnisonsstadt am Euphrat (heute in Syrien gelegen), eine solche »Hauskirche« in einem Privathaus aus dem Jahr 232/233 entdeckt. Im Erdgeschoss befand sich ein rechteckiger Raum für den Gottesdienst, an dessen Schmalseite es ein Podium für den Sitz des Vorstehers gab. Ein weiterer Raum war für Taufen vorgesehen, wie sich aus den erhaltenen Fresken schließen lässt, und es gab auch noch einen Raum für die Glaubensunterweisung. Das Obergeschoss des Hauses diente Wohnzwecken. Die Räume solcher Hauskirchen waren normalerweise einfach ausgestattet und kaum bemalt.

Als das Christentum unter Konstantin Anfang des 4. Jahrhunderts offiziell anerkannt und wenig später unter Kaiser Theodosius 392 sogar Staatsreligion wurde, änderte sich die Gestaltung der Gottesdiensträume geradezu abrupt. Aus eher versteckten Treffpunkten wurden monumentale Gottesdiensthäuser. In der Architektur folgten sie der Tradition der Kaiserbasiliken, und oft wurden sie sogar mehrschiffig gebaut.

Die äußere Gestaltung der Kirche hat zu jeder Zeit eine inhaltliche Bedeutung, die oft über die gerade geltende Architektur hinausgeht. Die Baumeister oder Bauherrn wollten in den Kirchbauten etwas von ihrer Beziehung zu Gott ausdrücken. Manche Kirchen sehen eher aus wie eine »feste Burg«. Andere sind feingliedrig und verspielt. Manche Kirche ist von außen pompös und riesig, andere sind eher bescheiden und klein. Die Gestaltung hat manchmal etwas mit den sozialen Verhältnissen in der Gemeinde zu tun. Aber auch dies ist nicht immer so. In der Alpenregion z.B. finden sich auch in unscheinbaren und wirklich armen Gegenden reich geschmückte, mit Gold verzierte Kirchlein. Oft ist dies ein Ausdruck der Wertschätzung: Gott ist uns wichtig – deshalb gestalten wir »sein Haus« reichhaltig. Mancher Prunk und manche reiche Ausgestaltung ist aber auch zur Ehre des Erbauers und des Geldgebers entstanden und weniger zur Pflege des christlichen Glaubens. Grundsätzlich aber gilt: Die Gestaltung einer Kirche ist Ausdruck des theologischen Denkens, das zu der Zeit herrschte, als die Kirche gebaut wurde.

Ein Blick in die Architekturgeschichte

Jede Zeit hat ihre eigenen Kirchenentwürfe und Gebäudegestaltungen. Auf dem Arbeitsblatt 4 (s. Anhang) mit den Typisierungen der verschiedenen Epochen (Antike, Romanik, Gotik, Barock und Moderne) wird deutlich, dass die Epoche, in der die Kirche entstanden ist, schon am Äußeren erkenntlich wird. Manchmal kann man auch von außen mehrere Stilepochen an einem Gebäude erkennen. Dies kann von einer späteren Renovierung, z.B. nach einem Brand, stammen oder das Gebäude wurde erweitert, umgebaut oder entstand sehr langsam.

Die Basilika

Die christliche Basilika als »Gotteshaus« geht auf das Muster altrömischer Markt- und Gerichtshallen zurück (griech.: »Königshalle«). Mit der Anerkennung des Christentums durch Kaiser Konstantin den Großen initiierte dieser selbst die Erbauung prächtiger Basiliken zur Versammlung der Christen und Feier des Gottesdienstes. In der Apsis, einer

halbrunden, überkuppelten Nische an der dem Eingang gegenüberliegenden Schmalseite, wo früher Kaiserthron oder Richterstuhl zu finden waren, stand jetzt der Altar, auf
den sich alles konzentrierte. Dreischiffige Basiliken werden zum Grundmuster, kaiserli-
che Basiliken haben mindestens fünf Schiffe. Das Mittelschiff prägt den Bau und ist der
»Festsaal« der Gemeinde. Äußerlich erscheinen Basiliken oft schlicht und einfach, im
Inneren können sie reich ausgestattet sein und werden durch die oben liegenden Fens-
terreihen von Licht durchflutet. Die Basilika in Trier (jetzt evangelische Kirche) ist ein
solcher Bau.

Die romanische Kirche

Romanische Kirche (St. Kunibert, Köln)

Ein neuer Bautyp entsteht mit der romanischen Kirche im Mittelalter. Der Kirchenbau
entwickelt eigene Baukonzepte und wird damit auch für die übrige Architektur prägend.
Die romanische Kirche ist die »Himmelsburg des göttlichen Kaisers«. Ihre Wucht, ihre
Schwere und ihre Gestaltung hat etwas Mächtiges und Wehrhaftes. Ihre mehrfache Glie-
derung und Aufteilung entspricht der damaligen Ständeordnung. Gar nicht so selten wurden in dieser Zeit Kirchen auf vorchristlichen Heiligtümern und Kultstätten erbaut.

Der Grundriss ist das lateinische Kreuz. Durch den Schnittpunkt der beiden Achsen entsteht eine »Vierung«, die das Zentrum des Raumes bildet. Der Raum erhält seine Spannung aus den Gegensätzen des Lebens, die architektonisch umgesetzt sind: Schwere und Leichtigkeit, Hell und Dunkel, Licht und Schatten, bescheiden und prunkvoll, niedrig und hoch. Als bekannte Beispiele seien die Abteikirche Maria Laach und die Kirche des (jetzt evangelischen) Klosters Bursfelde genannt.

Erst seit karolingischer Zeit sind große Kirchenbauten in einem relativ einheitlichen Stil zu finden, die sich in der Romanik immer mehr durchsetzen. Dabei gliedert sich der gesamte Kirchenraum in verschiedene Zonen. Das Atrium und die Vorhalle bilden den Übergang vom *profanum* in das *fanum*, also von der »Welt« in den »heiligen Raum«. In der Regel ist das Atrium ein überdachter Säulenumgang, der zum einen Einblicke von außen nach innen, zum anderen auch Ausblicke von innen nach außen und somit einen langsamen Übergang ermöglicht. Wer den Kirchenraum betreten will, steht also nicht unvermittelt in einem anderen (düsteren) Raum, sondern wird langsam eingeführt. In der Regel steht in der Mitte des Atriums ein Springbrunnen: das Leben spendende, sprudelnde Wasser soll an die Taufe erinnern.

Die gotische Kirche

Die gotische Kirche will das Göttliche und seine Herrlichkeit darstellen. Die Tür wird zum Himmelsportal und der Raum strebt in die Höhe zum Himmel, zum Unendlichen hin. Es entstehen die großen gotischen Kathedralen, die durch eine neue Architektur und Bauweise möglich werden. Die erstaunliche Höhe, die Bögen, Pfeiler und großen Fenster lassen das Licht eindringen, das auch das »göttliche Licht« symbolisiert. Der Raum wirkt transzendent. Das Mittelschiff wird beibehalten und wird zum Längsschiff, das die offenen Seiten mit einbezieht. Die Schwere der Romanik wird überwunden und der Bau bekommt etwas Leichtes und Spielerisches. Alles basiert auf geometrischer Harmonie und greift entsprechende Grundstrukturen der Antike wieder auf.

Während die Romanik noch die Macht der Kaiser repräsentiert, ist die gotische Kirche auch Sache des Bürgertums. In den Städten gestaltet das aufkommende und reiche Bürgertum seine Kirche. Noch ist die Kirche ständisch geprägt, aber sie wird zum Ort der Begegnung – auch im Alltag.

Die Barockkirche

Die Architektur des Barock steht im Gegensatz zur strengen, nach oben strebenden Symmetrie der Gotik. Runde Formen dominieren, die Bauten wirken bewegt und verspielt. Reiche Stuckverzierungen lassen den Bau plastisch wirken und machen ihn zu einem prächtigen Gesamtkunstwerk. Das Sinnliche wird hier als Wegweiser zum Übersinnlichen benutzt. Es ist ein Spiel von Sein und Schein, das den Triumph der Wahrheit und der göttlichen Herrlichkeit feiern will. Nach Reformation und Dreißigjährigem Krieg ist der Barock zugleich Ausdruck eines von neuem Selbstbewusstsein geprägten Katholizismus.

Die moderne Kirche

Moderne Kirche (Christi Auferstehung in Köln-Lindenthal, katholische Kirche von Gottfried Böhm, 1968)

Mit Klassizismus und Historismus herrscht im 18. und 19. Jahrhundert vor allem die Neigung, auf Elemente bisheriger Stile zurückzugreifen. Erst im 20. Jahrhundert kommt es wieder zu einem Neuansatz im Kirchenbau. Stahl, Glas, Beton ziehen ein, und die Auseinandersetzung des Sakralen in und mit der Welt und ihren Katastrophen und Kriegen wird im Kirchenraum sichtbar. Es beginnt auch die Tendenz, Mehrzweckräume zu bauen. Zwei grundlegende Entwürfe seien hier genannt. In Ronchamp realisierte Le Corbusier seine Kirche mit Beton und nützte die plastischen Möglichkeiten, die Beton bietet. In Neviges baute Gottfried Böhm 1964 eine eindrucksvolle Wallfahrtskirche. Sie ist Kirche und Zelt zugleich und nimmt die bergische Landschaft auf. Sie ist mystisch und archaisch zugleich.

Konfessionelle Besonderheiten

Orthodox

Orthodoxe Kirchengebäude haben zu verschiedenen Zeiten an verschiedenen Orten ihre je eigene Formgebung erfahren; so fließen in der Gestaltung ihres Äußeren regionale und kulturelle Einflüsse ein.

Die ersten Kirchen, die im Osten unter Kaiser Konstantin und seiner Mutter Helena (4. Jh.) errichtet wurden, waren Basiliken (s.o.). Maßgeblich geprägt wurde der orthodoxe Kirchenbau später durch die Hagia Sophia (»Kirche der Göttlichen Weisheit«) in Konstan-

Orthodoxe Kirche (Bonn-Beuel)

tinopel, die unter Kaiser Justinian erbaut und 537 eingeweiht wurde. Ihr Hauptmerkmal ist die große Kuppel über dem kreuzförmigen Grundriss, die wie das Himmelsgewölbe über dem Kirchenschiff schwebt, als ob Himmel und Erde sich berühren. Die Hagia Sophia wurde Vorbild für viele Kirchgebäude im Kreuzkuppelstil überall in der Welt.

Aber auch Kirchen mit quadratischem, sechs- oder achteckigem sowie rundem Grundriss wurden errichtet. In Russland beispielsweise entwickelte sich als charakteristisches Stilelement die so genannte Zwiebelkuppel; manche Kirchen werden nicht nur von einer großen Kuppel bedeckt, sondern mit drei, fünf oder noch mehr Zwiebelkuppeln geschmückt. Diese Kuppeln symbolisieren die Flammen des Glaubens und des Gebetes, die zur Höhe emporlodern. Viele dieser Kirchen waren aus Holz gebaut, dem vorherrschenden Baustoff Russlands. Seit der Regierung von Zar Peter I. (Peter der Große; 1672–1725) ist der starke Einfluss zeitgenössischer westeuropäischer Architektur im Kirchenbau augenfällig.

In unserer Zeit werden beim Kirchbau – gerade auch in Westeuropa – natürlich auch moderne Materialien wie Beton und Stahl verwendet; ein bekanntes Beispiel hierfür ist die Kirche des hl. Paulus im Zentrum des Ökumenischen Patriarchats in Chambésy bei Genf.

Wenn es die finanzielle Situation der heutigen orthodoxen Gemeinden erlaubt, dann bauen sie sich ihr eigenes Gotteshaus, meist im Stil der Herkunftsländer der Gläubigen: So sind z.B. die Kirchen der griechisch-orthodoxen Gemeinden in Bonn oder Düsseldorf im byzantinischen Kreuzkuppelstil gebaut, während sich die russische orthodoxe Gemeinde in Magdeburg für eine Holzkirche mit Zwiebelkuppeln entschieden hat. Doch manche orthodoxe Gemeinden übernehmen auch ein Kirchengebäude der evangelischen oder katholischen Kirche, das diese z.B. wegen Zusammenlegung von Gemeinden nicht mehr nutzen, und dann steht die Gemeinde vor der spannenden Aufgabe, insbesondere das Innere der ehemals evangelischen oder katholischen Kirche nach den Bedürfnissen des orthodoxen Gottesdienstes umzugestalten.

Allen orthodoxen Kirchen gemeinsam ist die Dreiteilung des Kirchenraumes in Vorraum (Narthex), Kirchenschiff und Altarraum – nach dem Vorbild der Stiftshütte (Exodus 25; 38; 40) bzw. Salomons Tempel zu Jerusalem (1 Könige 6; 2 Chronik 3), aber auch als Versinnbildlichung der Dreieinigkeit Gottes.

Katholisch

In der katholischen Sakralarchitektur der Neuzeit dringen mit dem aufkommenden Jugendstil auch neue Formen, Werkstoffe und Bauverfahren in den Kirchenbau ein. Ab 1919 wirbt die liturgische Bewegung für einen von der Gemeinschaft her bestimmten Kirchenbau, der die »tätige Teilnahme« der Gläubigen fördern soll, wie es schließlich 1963 auch das Zweite Vatikanische Konzil fordert.

Seither nehmen Zentralbauten zu, die die Gemeinde um den Altar als Mitte versammeln, und den »Zusammenhang« der Gottesdienstgemeinschaft stärken sollen. Der früher übliche Hochaltar wird abgelöst vom sog. »Volksaltar«, der näher an die Gemeinde herangerückt wird.

Durch die starke Betonung des Wortes auch im katholischen Gottesdienst durch das Zweite Vatikanische Konzil und der damit verbundenen Rede vom »Altar des Wortes« muss der Ambo eine ebenso zentrale Stellung bekommen wie der Altar.

Protestantisch

Die Reformation wendet sich dem Einfachen zu und widerspricht der Überhöhung. Von Luther stammt der Satz, dass man auch in einem »Saustall« predigen könne. Die Pfarrer saßen nun in der Gemeinde, die Trennung zwischen Klerus und anderen Gläubigen wurde durch den Abriss der Chorschranke nicht nur symbolisch aufgehoben. Die Kirchen werden einfacher, mit zum Teil spärlichem Bilderschmuck. Einfache Längs- oder Saalbauten stehen im Vordergrund. Erst die preußischen Kaiser üben sich wieder im Dombau, z.B. Berliner Dom oder Altenberger Dom, der von Beginn an von beiden Konfessionen genutzt wurde.

Nach 1945 wurden viele Gemeindehäuser auch mit Kirchensaal gebaut. Gerade mehr reformiert geprägte Gemeinden waren eher nüchtern und sachlich. Für den Gottesdienst reichte ein Gebetssaal, alles andere war »Firlefanz«. Inhaltlich ging es um die Konzentration auf das Wesentliche.

Diese Gemeindezentren haben dann oft gar keinen sofort erkennbaren Gottesdienstraum mehr. Äußerlich unterscheiden sie sich kaum von einem Bürgerhaus. Dies gilt nicht nur für moderne Gebäude. Auch in alten Kirchen wurde oftmals eine Zwischendecke (so in der Christuskirche Bad Homburg) eingezogen und eine Unterkellerung vorgenommen oder erweitert. Manche »Unterkirche« wurde so zum Gemeindehaus.

Türme und Glocken

Zu vielen Kirchen gehören Türme. Früher waren es oft auch Wehrtürme. In diese Türme, deren Türen oft nur über Leitern erreichbar waren, zogen sich die Menschen bei Gefahren (z.B. Hochwasser) und Überfällen zurück.

Auf den Türmen befinden sich auch die Glocken. Sie laden zum Gottesdienst und zum Gebet ein. Das Glockenläuten im Alltag war sowohl Zeitansage als auch die Erinnerung zum Innehalten und Gebet.

Orthodox

Nicht alle orthodoxen Kirchen haben einen Turm. Oft ist der Turm nicht direkt mit der Kirche verbunden, sondern steht etwas abseits.

Im Turm oder einem anderen kleinen Aufbau (griech.: Kampanionou) befinden sich die Glocken. Manche Kirchen haben nur eine einzige Glocke, andere haben ein ganzes Geläut. Sie rufen die Gemeinde zum Gottesdienst zusammen und stimmen an besonderen Momenten des Gottesdienstes in das Gebet der Gläubigen ein, z.B. beim Vaterunser oder beim Glaubensbekenntnis. Je größer das Läutwerk ist, desto kunstvoller sind die Melodien, die damit gespielt werden können. Die Glocken werden in vielen Kirchen per Hand geläutet; zumeist wird nicht die Glocke, sondern der Klöppel in Bewegung gesetzt, was weniger Kraft braucht, aber auch einen anderen Klang erzeugt.

In den Klöstern wird statt oder neben den Glocken mit dem »Simandron« zum Gottesdienst gerufen: ein längliches Holzbrett, das man in der einen Hand hält und auf dessen beide Enden man rhythmisch mit einem Holzhammer schlägt.

Katholisch

Die Kirchtürme sind weithin sichtbare Zeichen, die sogar im Straßenverkehr oftmals als Orientierungspunkte dienen. Sie signalisieren also schon von weitem, dass sich hier ein Haus Gottes befindet.

Die meisten Türme sind mit einem Kreuz oder Hahn geschmückt, wobei die Wahl des einen oder anderen Symbols kein Unterscheidungszeichen für die Konfessionszugehörigkeit ist. – Der Kirchturmshahn findet sich schon im 9. Jahrhundert und gilt als Symbol eines Rufers zur Buße und Wachsamkeit, aber auch als Sinnbild Christi und des christlichen Predigers.

Die Türme beherbergen die Glocken, die die Stunde schlagen und die zum Gottesdienst rufen.

Das dreimalige Läuten des so genannten ›Angelus‹ zur Morgen-, Mittag- und Abendzeit soll mit seinen Begleitgebeten an die Menschwerdung, Leiden, Tod und Auferstehung Jesu erinnern. Es ist ursprünglich aus dem Ruf zum Stundengebet (Laudes, Sext und Vesper) entstanden und dient indirekt zum Innehalten während des normalen Tageslaufs.

Im weitesten Sinn verstanden ist die Musik der Glocken auch Verkündigung: Sie ruft die Menschen zum Gottesdienst zusammen. Sie erinnert aber auch Nichtgläubige daran, dass es Menschen gibt, die (weil sie die Nachfolge Jesu ernst nehmen) in die Kirche gehen.

Protestantisch

Der Protestantismus hat in seiner ersten Phase viele katholische Kirchen übernommen. Der vorhandene Turm gehörte selbstverständlich dazu. Es gab aber von Anfang an auch Kirchräume ohne Turm, besonders in der reformierten Tradition. Nach 1945 entstanden viele neue Kirchen, die oftmals ohne Turm auskommen mussten, weil das Geld fehlte. In den 60er-Jahren entstanden die Gemeindezentren oft bewusst ohne Turm. Die Kirche sollte sich in die Gesellschaft einfügen, sie wollte »Kirche für andere« sein. Deshalb wurde auf das Sakrale und damit auch auf den Turm verzichtet. Finanziell sollte dieses Geld dann Nützlicherem (z.B. Dritte-Welt-Projekten) zu Gute kommen. In dieser Phase begann auch der rein funktionale Kirchbau. Es wurden Kirch- und Gemeindesäle als multifunktionale Einheit gebaut. Meist verlor der Raum sein sakrales »Ambiente«.

Die Namen der Kirche

Kirchen haben in der Regel einen Namen. So werden sie einzigartig und erkennbar.

Orthodox

Jede orthodoxe Kirche ist einem oder mehreren Heiligen oder einem bestimmten Ereignis der Heilsgeschichte geweiht und erhält dadurch ihren Namen, z.B. Verkündigungskirche oder Hl.-Nikolaos-Kirche.

Katholisch

Im katholischen Bereich hat eine Kirche in der Regel einen Heiligen oder eine Heilige zum Patron, zur Patronin: St. Martin, St. Michael, St. Gertrud. Das Patronat, einmal jährlich feierlich begangen, kann aber auch besondere Verehrungsanlässe benennen, etwa »Herz-Jesu-Kirche«. Beliebt ist auch die Weihe an Maria, z.B. »Unsere liebe Frau«, »Mariä Himmelfahrt«.

Protestantisch

Im evangelischen Bereich ist die Namensgebung offener. Sie bezieht sich auf wichtige Personen, z.B. Paul-Gerhardt-Kirche oder Martin-Luther-Kirche, häufiger auf Aspekte des Lebens und Wirkens Jesu, z.B. Erlöserkirche, Auferstehungskirche, Christuskirche, Kreuzkirche, oder auch auf einen der vielen Evangelisten (Markuskirche, Matthäuskirche) oder wird einfach durch den Stadtteil bestimmt, z.B. Nastätter Kirche.

Moschee

Geschichtliche Entwicklung

Der Ursprung der Moschee liegt im Wohnhaus des Propheten Muhammad in Medina, dem arabischen Hofhaus, einem ummauerten quadratischen Hof mit zwei Räumen. Im großen Hof dieses Hauses versammelte sich die Gemeinde zum Gebet. Dieser öffentliche Bereich des Hauses wurde später zur Moschee. Die Hauptgebäudehalle übernahm dann die Funktion des Gebetsraumes. Die kleinen Zellen wurden vergrößert, umrahmten später den gesamten Hof und dienten den Betern als schattige Aufenthaltsräume. So wird das Anwesen des Propheten zum Modell künftiger Moscheebauten.

In den Hadithen (= Aussprüche des Propheten und Berichte über sein Verhalten) wird die erste Moschee in Medina relativ ausführlich thematisiert. Ibn Battuta, ein Reisender des 14. Jahrhunderts, variiert und erweitert diese Tradition noch (zit. nach Lemmen, S. 23):

> *»Das Gelände der Moschee war eine Fläche, auf der Datteln getrocknet wurden. Der Gesandte Gottes ... kaufte dieses Land ... und baute dann die Moschee, indem er selbst und seine Gefährten daran arbeiteten; er errichtete eine Mauer darum, gab ihm aber weder Säulen noch ein Dach.« Das Gelände sei etwa quadratisch gewesen, 100 Ellen lang und die Mauer mannshoch. »Als später die Hitze größer wurde, sprachen seine Gefährten zu ihm davon, ein Dach zu bauen. Also stellte er zu diesem Zweck einige Säulen aus Palmenstämmen auf. Aus deren Zweigen baute er das Dach.« Als es in die Moschee hineinregnete, weigerte er sich jedoch, das Dach zu verstärken. »Er baute drei Eingänge zur Moschee, aber der südliche Eingang wurde verschlossen, als die Gebetsrichtung (von Jerusalem im Norden nach Mekka im Süden der Moschee) geändert wurde.«*

Als sich der Islam über die arabische Halbinsel hinaus ausbreitet, entstehen nach dem Vorbild der Moschee des Propheten an allen Orten derartige Gebetsstätten mit dem Ziel, als Bauwerk die Einheit des religiösen und politischen Lebens im Islam darzustellen. Es wurden jedoch auch Moscheen in schon bestehenden Kultgebäuden, in Synagogen oder Kirchen (so die Hagia Sophia in Istanbul), eingerichtet. Dabei entstehen große und kostbar ausgestattete oder auch einfache und schlicht gehaltene Räume. Ihre Gestaltung ist variabel und anpassungsfähig. So entwickeln sich im Lauf der Geschichte verschiedene Moscheetypen. In ihnen spiegeln sich die jeweiligen kulturellen und architektonischen Entfaltungsmöglichkeiten.

Bianco unterscheidet drei Grundtypen von Moscheebauten (S. 161ff):

- ❑ Der älteste Typ ist die *Hof- und Hallenmoschee,* bestehend aus einer weiten Säulenhalle und aus einem vorgelagerten Hof mit umlaufenden Arkadenreihen, meist eingefügt in ein geschlossenes Mauergeviert mit mehreren Tordurchgängen.
- ❑ Die iranisch-zentralasiatische *Iwan-Moschee* besteht aus vier gewölbten, kreuzförmig sich gegenüberstehenden Torhallen, die sich ganz auf den zentralen Hof öffnen.
- ❑ Die türkische *Kuppelmoschee* überwölbt einen großen Zentralraum mit zahlreichen Halbkuppeln an den Seiten zur Ausbalancierung des Drucks.

Das Minarett

Zum islamischen Ritualgebet gehört der Gebetsruf, mit dem die Muslime zum Gebet eingeladen werden. Ein freigelassener Sklave – Bilal, ein Äthiopier – stieg gemäß der Überlieferung als erster Muezzin in der islamischen Geschichte hierzu auf das Dach des Hauses Muhammads und rief von dort zum Gebet. Mit der Zeit werden eigene Türme in den unterschiedlichsten Formen an die Moscheen gebaut. Sie werden heute Minarett genannt.

Das Wort Minarett hat eine Verwandtschaft mit »*nur*«, dem Wort für Licht, und möglicherweise wurde die Form des Minaretts von der des antiken Pharos, des Leuchtturms in Alexandria, beeinflusst. Viele der frühen Minarette sind demnach nicht für den

Außenansicht einer Moschee
(Emir-Sultan-Moschee,
Hilden)

Ruf zum Gebet gebaut worden. Tatsächlich waren einige überhaupt nicht mit Moscheen verbunden. Manche scheinen als Leuchttürme gedient zu haben, um Reisende über Meere und durch Wüsten zu leiten. Andere dienten als Wachtürme, und wieder andere wurden als Monumente errichtet, die an muslimische Siege erinnern sollten.

Die Funktionen einer Moschee

Die Moschee ist weder Gotteshaus noch Opferstätte, sondern Versammlungsort der Gemeinde zum gemeinsamen Gebet. Sie ist *Gebetsstätte* und wird durch die Ausübung des Glaubens zum Ort religiöser Praxis, an dem sich Gläubige allein oder in Gemeinschaft zum Gebet und zur Meditation einfinden.

Die Moschee ist auch *Lehrstätte* und öffentlicher Versammlungsort im Sinne des antiken Marktplatzes. Hier wurde in vergangenen Zeiten Recht gesprochen und hier versammelten sich die Religionsgelehrten, um miteinander zu diskutieren oder um Schülern ihr Wissen weiterzugeben. Hier wurden wichtige politische Proklamationen verkündet. Verfolgte genossen hier politisches Asyl.

In Deutschland sind die einzelnen Moscheen als Organisationen voneinander unabhängig. Der Gläubige hat das Recht, sich der Moschee zuzuwenden, die in ihrem politisch-religiösen Selbstverständnis seinem gelebten Islam am ehesten entspricht. Im sunnitischen Islam besteht unter den Moscheen keine hierarchische Ordnung, jede steht für sich.

Die Moschee ist heute (besonders in der Diaspora) auch *Bildungsstätte* und dient der religiösen Unterweisung. Hier werden Kurse zur Rezitation des Korans abgehalten; Kinder und Jugendliche werden in der islamischen Religionsausübung und Glaubenslehre unterwiesen. Die Moschee-Gemeinde bietet dazu Koran-, Alphabetisierungs-, Deutsch- und sonstige Kurse an.

Treffen der muslimischen Gemeinde

Doch die Moschee hat auch nicht-religiöse Funktionen. Sie ist Zentrum für profane und geschäftliche Aktivitäten. So bietet sie Räume für Feste an, für Hochzeiten oder Beschneidungen. Im Moscheenkomplex finden sich oft Lebensmittelgeschäfte oder Märkte, in denen Nahrungsmittel verkauft werden, die den rituellen Reinheitsvorschriften entsprechen. Ihre Büchereien halten ein reichhaltiges Angebot an religiöser Literatur in den jeweiligen Muttersprachen vor. Teestuben und Kaffeehäuser dienen den sozialen Kontakten. Hier trifft sich die Jugend. Zahlreiche Angebote dienen der Freizeitgestaltung: Tischfußball, Billard oder Fernsehen.

Moscheen sind damit multifunktionale Gebäude, die – wie zu osmanischer Zeit – nach innen religiös-kultischen Aufgaben dienen, nach außen aber die Gemeinde im öffentlichen Raum repräsentieren.

Die Namensgebung

Moscheen erhalten in der Regel einen Namen. Sie können

- ❒ nach berühmten muslimischen Persönlichkeiten (z.B. den Prophetengefährten, den ersten vier »rechtgeleiteten« Kalifen, den osmanischen Sultanen),
- ❒ nach religiösen Ereignissen,
- ❒ nach ihrem deutschen Standort
- ❒ oder in Anlehnung an bedeutende Moscheen benannt sein.

Der Name einer Moschee hat für die nicht-muslimische Umwelt meist Signalcharakter und ist damit von erheblicher Bedeutung. Eine korrekte Übersetzung sowie Erläuterungen zur Namenswahl und ihrer Bedeutung können Missverständnisse bei der einheimischen Bevölkerung ausräumen.

DAS GEBÄUDE ALS TREFFPUNKT DER GLÄUBIGEN

Im Grundverständnis aller monotheistischen Religionen findet in heiligen Räumen eine dreifache Begegnung statt:

- ❏ Das Gemeindemitglied begegnet dem Göttlichen.
- ❏ Das Gemeindemitglied begegnet sich selbst.
- ❏ Das Gemeindemitglied begegnet anderen Gemeindemitgliedern. Es entsteht Gemeinschaft und man erlebt sich als Gruppe.

Die Synagoge als Gemeindezentrum

Eine Synagoge ist an sich kein sakraler Raum. Um als Gottesdienstraum dienen zu können, ist eine gewisse Ausstattung notwendig (s. Innenausstattung), doch wird eine Synagoge nicht geweiht und hat keinen heiligen Status. Fast jeder Raum kann zeitweilig als Synagoge genutzt werden, um einen Gottesdienst abzuhalten – sogar in einem Zug oder Flugzeug. Der Raum an sich spielt keine große Rolle.

Jede Synagogen-Gemeinde ist unabhängig und selbstständig. In der Bundesrepublik wird sie dann als Körperschaft des öffentlichen Rechtes anerkannt, wenn sie das Kriterium der Nachhaltigkeit und vor allem den jüdischen Charakter ihrer Tätigkeiten nachweisen kann.

Jede Synagogengemeinde wählt ihre Repräsentanz, die aus ihrer Mitte den Vorsitzenden und seinen Stellvertreter bestimmt. Die einzelnen Gemeinden sind relativ autonom. In der Bundesrepublik ist nach dem Zweiten Weltkrieg wieder die sog. »Einheitsgemeinde« üblich, die aber inhaltlich anders gefüllt wird, als dies zur Zeit ihrer Entstehung in der zweiten Hälfte des 19. Jahrhunderts gemeint war. Damals waren die Orthodoxen in der Minderheit, blieben aber Mitglieder der mehrheitlich liberal geführten Gemeinden, weil ihnen das Prinzip der Einheit der Gemeinde wichtiger war als die »Reinheit des Glaubens«. Heute sind die Liberalen in der Minderheit und die »Einheitsgemeinde« richtet sich stärker an der Orthodoxie aus.

Da in der Bundesrepublik eine Kirchensteuer erhoben wird, wird der gleiche Anteil bei jüdischen Bürgern als Kultussteuer erhoben. Diese wird bei Arbeitnehmern genauso automatisch vom Arbeitgeber einbehalten wie bei christlichen Arbeitnehmern.

Die meisten Gemeinden haben keinen Rabbiner und gestalten ihre Gottesdienste autonom durch Gemeindemitglieder, die vorbeten können. Wenn eine Gemeinde einen Rabbiner haben möchte, wählt sie einen. In früheren Zeiten spielten Rabbiner als Lehrautoritäten eine große Rolle. Dies hat sich in der Neuzeit deutlich geändert. Rabbiner sind nicht mit katholischen oder evangelischen Pfarrern vergleichbar. Ihre Anwesenheit ist für die Durchführung eines Gottesdienstes nicht erforderlich. Jeder, der seine Bar Mizwa, die erste feierliche Thoralesung mit 13 Jahren gefeiert hat, kann als Vorbeter dienen.

Juden – aber auch nichtjüdische Gäste – können jede Synagoge in der Welt besuchen, sofern sie sich an die dort geltenden rituellen Regeln halten.

Als Treffpunkt von Juden sind Synagogen (vor allem in der Diaspora) von Bedeutung, da sich in ihnen ein wichtiger Teil des jüdischen Lebens und Lernens abspielt. Mehr noch als im Christentum oder im Islam findet jedoch ein großer Teil des jüdischen, rituellen Lebens zu Hause, in der Familie statt.

> *Im Jahr 2003 gab es ca. 90.000 eingetragene Mitglieder der jüdischen Gemeinden in der Bundesrepublik. Es gibt auch eine nicht geringe Zahl von Juden, die sich keiner Gemeinde angeschlossen haben und in dieser Zahl nicht berücksichtigt sind. In der Schweiz zählte man 2003 ca. 18.000 eingetragene Mitglieder, in Österreich sind dies rund 7.000.*

Die größten Gemeinden sind in Berlin, München, Frankfurt und Düsseldorf. Die meisten Mitglieder dieser Synagogen sind nicht deutschen Ursprungs. Viele sind nach dem Krieg aus den Konzentrationslagern gekommen und in einer der Zonen »hängen geblieben«. Nur ein Bruchteil der ehemals deutschen Juden der Vorkriegszeit (oder ihre Nachkommen) leben in der Bundesrepublik. Zu jenen, aus Osteuropa stammenden Überlebenden, die jüdisches Leben in der Bundesrepublik aufbauten, sind nach dem Zusammenbruch der Sowjetunion etwa 60.000 Migranten hinzugekommen.

Dies ist zu einer großen Herausforderung für die Gemeinden geworden. Viele der Migranten hatten wenig Gelegenheit, Judentum kennen zu lernen und auszuüben. Andere sind als nichtjüdische Partner von Juden gekommen, halten jedoch an ihrem Christentum (auch für die Kinder) fest, was große Fragen aufwirft.

In einigen Städten werden zurzeit neue Synagogen gebaut.

Jüdische Strömungen

Im heutigen Judentum kann man drei Hauptströmungen unterscheiden: die Orthodoxie, das Reformjudentum und das konservative Judentum.

Das Leben der *orthodoxen Juden* ist gekennzeichnet von der Bewahrung und Einhaltung der Tradition. Sie bemühen sich darum, ihr Leben gemäß der Thora und ihrer Auslegung zu gestalten. Auch wenn orthodoxe Juden inmitten einer nichtjüdischen Gesellschaft leben, suchen sie meist keinen Kontakt zur Mehrheitsgesellschaft.

Das *Reformjudentum* war der Versuch einer Antwort auf die Verleihung der Bürgerrechte auch an Juden. Es entstand in kämpferischer Opposition zur Orthodoxie und suchte Anpassung an die jeweilige Mehrheitsgesellschaft, zuweilen bis zur Aufgabe des eigenen Judentums. Nach der Schoah (Holocaust) kehrte auch die Reformbewegung in vielen Aspekten zu jüdischen Traditionen zurück.

Das *konservative Judentum* stellt gewissermaßen einen Mittelweg dar: Es versucht der Thora näher zu sein als die Reformbewegung, passt sich jedoch gleichzeitig der jeweiligen Mehrheitsgesellschaft weit stärker an als die Orthodoxie.

In der Bundesrepublik Deutschland gibt es diese Unterscheidungen nur bedingt. Organisationsform ist die sog. Einheitsgemeinde (s.o.). Nach dem Zweiten Weltkrieg wurde der eher orthodox orientierte Zentralrat der Juden als einziger religiöser und politischer Dachverband gegründet. Allerdings kam es 2002 im Rahmen zunehmender religiöser Vielfalt der in Deutschland lebenden Juden zur Gründung einer weiteren Vereinigung jüdischer Gemeinden, der »Union progressiver Juden«, was seither Anlass für einen schwelenden Konflikt ist.

Die Kirche als Kultzentrum

Die Kirche bekommt ihre Bestimmung durch den Gottesdienst, der in ihr gefeiert wird. Der Raum wird also durch die Gottesdienste in ihm letztlich zur Kirche.

In der christlichen Tradition wird dieser Raum von den Gläubigen unterschiedlich genutzt. Besonders in der orthodoxen und in der katholischen Tradition ist die Kirche der Raum, in dem Platz ist für eigene Gefühle und Erfahrungen: Deshalb sind die Kirchen in der Regel tagsüber geöffnet. Trauer und Leid, Dankbarkeit und Freude, Bitten, Wünsche und Sehnsüchte können hier ausgedrückt werden. Es ist ein Raum zum Weinen und Stillwerden, ein Ort, wo Kerzen und Blumen aufgestellt werden können, wo manchmal Bücher und Blätter für Gebete, Klagen und Anklagen und Dank ausliegen. Im protestantischen Raum kommt diese Tradition erst langsam wieder in den Blick.

Orthodoxe Kirchen

Orthodoxe Kirchen sind geweihte Räume. Es können aber bereits vor der Kirchweihe Gottesdienste dort stattfinden, wenn das Gebäude schon benutzt werden kann, aber noch nicht ganz ausgestattet ist.

Die Kirche ist ein Ort, der über Raum und Zeit, wie wir Menschen diese zu erfassen vermögen, hinausreicht. Zum Gottesdienst in der Kirche versammeln sich nach orthodoxem Verständnis daher nicht nur die Gemeindeglieder, sondern mit ihnen auch die Heiligen und Engel; dies steht jedem Gläubigen, der die Kirche betritt, im wahrsten Sinne des Wortes bildlich vor Augen durch die Ikonen und Wandmalereien der Heiligen, mit denen jede orthodoxe Kirche geschmückt ist.

Die Kirche »vermittelt ihrem Besucher den Eindruck, dass er am Kirchenportal die Schwelle zu einer anderen Wirklichkeit überschreitet. Dort begegnet er dem verklärten Kosmos, der am Ende der Zeit vollendet wird« (Göttliche Liturgie, S. XVIII). Insofern werden in der Kirche nur solche Veranstaltungen stattfinden, die diesem Charakter angemessen sind, also in erster Linie Gottesdienste, aber auch private Gebete, seelsorgerliche Gespräche, Beichte. Auch Konzerte mit kirchlicher Musik, Ikonen- und Bibelausstellungen können in der Kirche ihren Platz haben. Ist kein anderer Raum vorhanden, so können auch Katechese oder Gemeindeversammlungen in der Kirche stattfinden.

Eigentlich sollten orthodoxe Kirchen immer geöffnet sein, aber leider werden sie immer wieder einmal Opfer von Diebstahl (manche Ikonen und Kelche fanden so ihren Weg in den internationalen Ikonenhandel), und so sind etliche Kirchen außerhalb der Gottesdienstzeiten geschlossen. Der Küster oder Priester wird aber gern aufschließen.

Katholische Kirchen

Nach ihrer Fertigstellung wird eine katholische Kirche durch den Bischof in feierlicher Weise ihrer Bestimmung übergeben, wobei die Einweihung immer mit einer Eucharistiefeier verbunden ist: Die Gemeinde zieht mit dem Bischof in den Kirchenraum ein. Das Überschreiten der Schwelle und das Betreten des Kirchenraumes wird rituell ausgestaltet. Die Wände der Kirche werden zum Zeichen der Reinigung und Tauferinnerung mit geweihtem Wasser besprengt und an zwölf Stellen (unter den »Apostelleuchtern«) mit heiligem Öl gesalbt. Unter dem Altar werden Reliquien beigesetzt, der Altar selbst ebenfalls mit Weihwasser besprengt und gesalbt. Auf dem Altar wird Weihrauch verbrannt. Dazu spricht der Bischof ein Weihegebet. Nachdem der Altar mit einem Leinentuch gedeckt und mit Kerzen und Blumen geschmückt worden ist, wird in der neuen Kirche zum ersten Mal die Eucharistie gefeiert, womit sie ihrer eigentlichen Bestimmung übergeben ist.

Eucharistiefeier, Stundengebet und Andachtsformen haben fortan ihren hervorragenden Platz in der Kirche, ebenso die Feier der Sakramente.

In der Regel sind katholische Kirchen tagsüber geöffnet, wobei der zunehmende Vandalismus auch in Sakralbauten bedingt, dass manche Kirchen nur zu den Gottesdiensten geöffnet werden oder dann, wenn eine »Kirchenwache« anwesend ist.

Protestantische Kirchen

Im evangelischen Bereich ist die Kirche der Raum, in dem die Gläubigen sich vor allem zum Gottesdienst mit einer längeren Predigt treffen. Der Gottesdienst war und ist das Zentrum des Gemeindelebens und hat seinen Ort in der Kirche bzw. im Gebetssaal. Er ist zwar nicht die einzig wichtige Veranstaltung, wird aber als Kristallisationspunkt des Gemeindelebens betrachtet. Dabei spielt die Predigt im Gottesdienst eine zentrale Rolle.

Außerhalb der Gottesdienstzeiten ist die Kirche häufig verschlossen. Man muss sich dann um den Schlüssel bemühen. Gläubige können also den Kirchenraum kaum einfach einmal zwischendurch betreten. Das Gebäude selbst ist durchaus für viele Dinge zu nutzen, da der Raum nicht als geweiht betrachtet wird. So sind Kirchencafés, Eine-Welt-Läden, Jazzkonzerte oder Theateraufführungen keine Einzelfälle, sondern dahinter steht ein Konzept, das oft City-Kirche genannt wird.

Die Kirche ist damit mehr als ein Treffpunkt der Gläubigen, da viele Veranstaltungen keinen speziell religiösen Charakter haben und damit allen offen stehen.

In Deutschland gab es 2003:
26.156.000 römisch-katholische Christen,
26.340.000 evangelische Christen in den Landeskirchen und
430.000 orthodoxe Christen.

Die Moschee als Glaubenszentrum

Die Moschee ist an sich kein sakraler Raum: Obdachlose suchen Moscheen als vorübergehende oder dauernde Unterkunft auf, an heißen Sommertagen genießen Menschen ihre kühlen und Schatten spendenden Räume, Kinder spielen in der Moschee. Sie hat nicht primär eine religiöse Funktion, sondern ihre besondere Bedeutung ergibt sich erst aus ihrer Funktion als Ort zur gemeinsamen Verrichtung des Pflichtgebets – erst im Vollzug des Gebets ergibt sich also ihre Heiligkeit. Nur das Gebet macht den Ort heilig und nicht der Ort das Gebet.

Eine Moschee ist der »Ort, an dem man sich (vor Allah) niederwirft« (*masjid*, türkisch *mescit*). *Masjid* ist jeder Ort oder Gebetsraum, an oder in dem gebetet wird.

Eine Moschee ist aber auch der »Ort, an dem man sich versammelt« (*jami*, türkisch *cami*). *Masjid Jami* ist die »Versammlungsmoschee« eines Stadtteils oder Orts, während es dagegen in jeder Straße mitunter mehrere *Masjids* geben kann. Bestimmte rituelle Handlungen wie der *Itikaf* (ein mehrtägiges Verweilen und Übernachten in der Moschee zum Meditieren, Fasten und Beten, besonders in den Monaten *Rajab* und *Ramadan*) können nur in der *Masjid Jami* abgehalten werden.

In der **Masjid Juma** (der »Freitagsmoschee«) wird das Freitagsgebet abgehalten. Es besteht in der Regel aus zwei Freitagsansprachen und dem anschließenden rituellen Gebet. Dabei kommen beide Funktionen gut zur Darstellung: Ritualgebet und Versammlung der Gemeinde. So gehört eine Freitagsmoschee zum konstitutiven Bestandteil der islamischen Stadt. Dörfer besitzen keine Freitagsmoschee.

Die Moschee gewinnt ihre sakrale Bedeutung als Ort des Gebets. Die Verrichtung des Gebets formt aber auch die soziale und kulturelle Gemeinschaft der Muslime und gliedert ihren Tages- und Wochenablauf. Damit hat die muslimische Gebetsstätte einen grundsätzlich anderen Charakter als Kirchen oder Synagogen.

Besonders in der Diaspora wird die Moschee zum Zentrum des Glaubens und der Gemeinschaft der Muslime. Um die Moschee errichten zu können, haben sich in Deutschland oft Vereine gebildet, die die ethnische Zugehörigkeit zum Ausdruck bringen. Etwa 15 % der Muslime sind in Deutschland vereinsmäßig organisiert. Diese Zahl sagt natürlich wenig über die Größe der Moschee-Gemeinde aus.

Gegenwärtig leben in Deutschland 3.112.000 Muslime (Erhebung Frühjahr 2003, Islam-Archiv Deutschland, Soest). Sie sind in 2.521 Moschee-Gemeinden mit 141 Moscheen und 2.380 Gebetsräumen organisiert. 154 Moscheen sind im Bau oder in der Planung. Täglich besuchen 185.000 Muslime das Gebet in der Moschee. Zum Freitagsgebet kommen 464.000 Muslime zusammen. Und an den Festtagen besuchen 880.000 Muslime ihre Moschee.
In der Schweiz leben ca. 300.000, in Österreich ca. 350.000 Muslime.

DIE INNENGESTALTUNG

Beten und Sich-Bewegen, Lesen, Rezitieren und Verkündigen, Feiern und das Erleben von Gemeinschaft sind religiöse Grundformen der drei monotheistischen Religionen. Die Inneneinrichtung ihrer Kultgebäude ist auf die jeweilige Praxis abgestimmt. Doch auch das Zusammenspiel von Licht und Schatten, verschiedene Gerüche und Klänge, zahlreiche Farbmotive und kunstvoll gestaltete Inschriften wollen sinnlich wirken und die Gläubigen ganzheitlich einbeziehen. So enthalten die Kultgebäude typische Gegenstände der Religion (Thoraschrein, Altar, Gebetsnische). Ihre Anordnung richtet sich oft nach einer festgelegten Struktur.

Synagoge

Innenansicht der Kölner Synagoge

Eine Synagoge ist meist recht einfach ausgestattet: ein Pult für den Vorbeter, ein Pult zum Ausbreiten der Thorarolle (manchmal dient ein Pult für beide Funktionen), ein Schrein, in dem die Thorarollen (meistens mindestens zwei, oft mehr) aufbewahrt werden. Wenn es sich um einen festen Bau handelt, gehört noch das Ewige Licht dazu.

Thoraschrein

Mittelpunkt des Raumes ist der nach Jerusalem ausgerichtete Thoraschrein (*Aron ha-ko-desch* = heilige Arche). Er erinnert an die Bundeslade, jenes Heiligtum, das die Israeliten auf ihrem Weg durch die Wüste mit sich trugen. In der Bundeslade wurden die beiden Tafeln mit dem Zehnwort (bei Christen Zehn Gebote genannt) aufbewahrt, die Mose am Berg Sinai empfangen hatte. Erst König David brachte die Lade schließlich nach Jerusalem, wo sie später im Tempel aufgestellt wurde.

Thoraschrein

Der Thoraschrein einer Synagoge ist von einem Vorhang bedeckt. Dieser Vorhang erinnert an den salomonischen Tempel, in dem das Allerheiligste durch einen Vorhang verdeckt war.

Im Thoraschrein werden die Thorarollen – das also, was einen Raum zu einer Synagoge macht – aufbewahrt. Die Thora wird auch das »Fünfbuch« genannt, weil sie die fünf Bücher Mose umfasst. Als Rolle wird sie von einem hierfür eigens ausgebildeten Thoraschreiber (*Sofer*) von Hand mit von ihm selbst eigens hergestellter Tusche auf Pergament geschrieben. Der lange Text wird an zwei hölzernen Rundstäben (*Etzej Chajim* = Bäume des Lebens) befestigt, sodass er aufgerollt werden kann. Die aufgerollte Thora wird mit einem Stoffmantel bedeckt, erhält eine Krone über den oberen Enden der Stäbe, ein Brustschild (in Erinnerung an das Brustschild des Hohenpriesters im Tempel) und einen silbernen Zeiger, den *Jad* (meist wie eine Hand geformt), der beim Vorlesen die Zeilen entlanggeführt wird.

geschlossene
Thorarollen

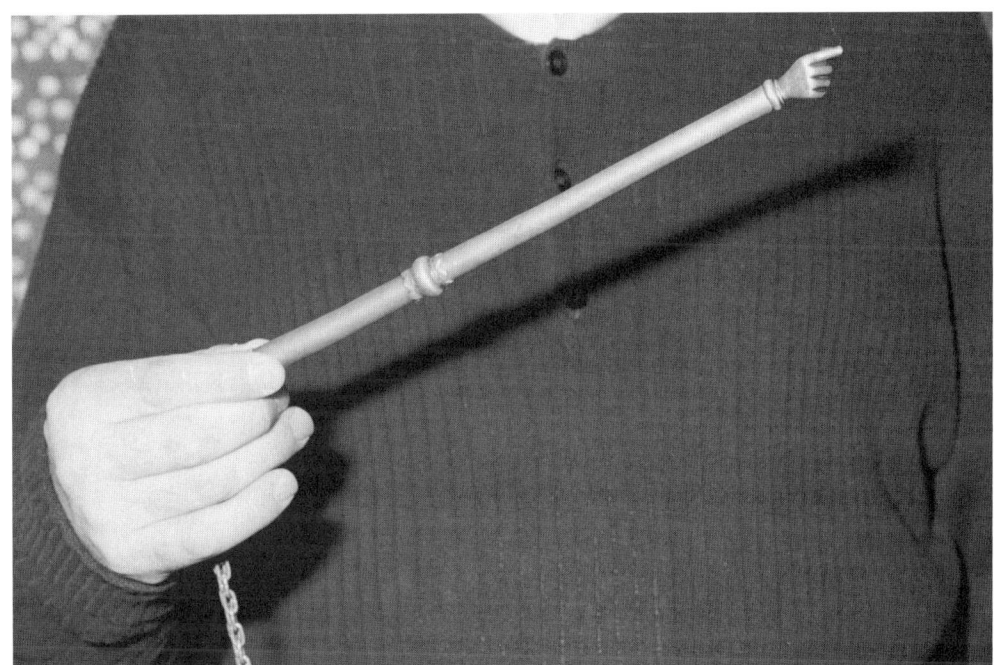

Jad

Im Umgang mit der Thora gibt es unterschiedliche Gepflogenheiten, sie alle aber sind Ausdruck der Ehrfurcht vor ihrer Heiligkeit. Je wohlhabender die Gemeinde, desto mehr Thorarollen stehen in ihrem Schrein, die nur zum Vortragen bei bestimmten Gottesdiensten hervorgeholt werden.

Wie alle Dokumente, die den göttlichen Namen JHWH tragen, wird auch eine Thorarolle, die unbrauchbar geworden ist, zunächst an einem besonderen Ort in der Synagoge aufbewahrt, um später bei einer besonderen Zeremonie auf dem jüdischen Friedhof beerdigt zu werden.

Leuchter

Meistens steht in einer Synagoge auch eine *Menora,* ein siebenarmiger Leuchter, der im Tempel das Ewige Licht (*Ner tamid*) war (vgl. Exodus 25,31–40). Seit der Zerstörung des zweiten Tempels dient die Menora zwar nicht mehr als Ewiges Licht, aber der siebenarmige Leuchter ist *das* Symbol des Judentums und auch das Emblem des Staates Israel.

Menora

Chanukka-Leuchter

In einer Synagoge dient eine Lampe oberhalb des Thoraschreins als Ewiges Licht.

Oft wird die Menora mit einer *Chanukkija*, dem neunarmigen Leuchter, verwechselt, die nur an Chanukka (Lichterfest) angezündet wird.

Bima

Das Pult, auf dem die Thorarolle beim Gottesdienst ausgerollt wird, steht auf einem erhöhten Podest, Bima genannt. Die Erhöhung soll die Würde der Thora optisch symbolisieren.

Aus der Thora wird nur in bestimmten Gottesdiensten vorgelesen. Montags, donnerstags und samstags wird beim Morgengottesdienst jeweils der gleiche Abschnitt vorgelesen, dazu noch an bestimmten Festen.

Bima

Frauenempore

In vielen Synagogen sitzen Männer und Frauen getrennt: Die Frauen sitzen üblicherweise oben auf der Empore. In sehr wenigen Synagogen (der orthodoxen Richtung) gibt es auch eine *Mechiza*, ein Trenngitter zwischen dem Frauen- und dem Männerbereich. In Synagogen der Reformbewegung sitzen Männer und Frauen zusammen.

Gebetbücher liegen in der Regel aus, sodass alle den Gottesdienst mitverfolgen können. Insgesamt ist die Ausstattung einer Synagoge von Schlichtheit geprägt. Die Wände wie Fenster sind meistens einfach gehalten.

Empore

Kirche

Der Kirchenraum will die Besuchenden öffnen für die Wirklichkeit des Göttlichen. Deshalb wird der Raum besonders gestaltet. Dies kann sehr unterschiedlich geschehen: prunkvoll oder bewusst nüchtern, geschmückt oder einfach, verschnörkelt oder geradlinig.

In der Ostkirche

Innenansicht einer orthodoxen Kirche (griechisch-orthodoxe Kirche in Bonn-Beuel

Augenfällig sind in orthodoxen Kirchen zunächst einmal die Ikonen, die uns hier überall begegnen, an den Wänden, an der Decke und vor allem an der *Ikonostase* (Ikonenwand). Sie bilden Christus, die Heiligen, Szenen und Personen aus dem Alten und Neuen Testament ab. Die Bedeutung der Ikonen und Wandmalereien geht im orthodoxen Verständnis aber weit über deren Illustrationscharakter hinaus; für orthodoxe Gläubige stellen die Ikonen darüber hinaus eine metaphysische Wirklichkeit dar.

Orthodoxe Kirchen sind gegliedert in Vorhalle (griech.: *Narthex*), Kirchenschiff und Altarraum, wobei die Ikonostase den Übergang zwischen Kirchenschiff und Altarraum bildet. Den Altarraum sollen nur Geistliche betreten.

Vorhalle / Narthex

Der Narthex, der nach Westen, dem Sonnenuntergang, liegt symbolisiert die Welt in ihrem gegenwärtigen Zustand. In der Zeit der frühen Kirche war der Narthex der Ort, von dem aus die Taufbewerber (*Katechumenen*) am Gottesdienst teilnahmen; denn da sie noch nicht getauft waren, durften sie das Kirchenschiff, den Raum für die Gläubigen, noch nicht betreten. Zur Belehrung der Katechumenen sind an den Wänden alttestamentliche Szenen dargestellt; sie sollen an die Notwendigkeit der Taufe erinnern. Hier wurde auch die Taufe vollzogen. Oft ist über dem Eingang zum Kirchenschiff Christus mit dem aufgeschlagenen Evangelienbuch dargestellt, auf dem die Sinndeutung der Darstellung zu lesen ist: »Ich bin die Tür: Wer durch mich hineingeht, der wird gerettet werden« (Johannes 10,9).

In früheren Zeiten war der Narthex recht groß, da er der Gemeinde als Versammlungsraum diente; heute ist er meist klein, da er einen Großteil seiner Bedeutung verloren hat. So findet man heute im Eingangsbereich meist einen Tisch, an dem Kerzen, auch Ikonen und religiöse Schriften verkauft werden; in etlichen Kirchen befinden sich hier auch die Kerzenständer, wo die Gläubigen ihre Kerzen zum Gedenken an die Verstorbenen oder in anderen Gebetsanliegen entzünden und aufstecken.

Kirchenschiff

Das Kirchenschiff war ursprünglich den Getauften vorbehalten; heute wird dies in den wenigsten Kirchen noch so praktiziert, kann aber bei konservativen klösterlichen Gemeinschaften durchaus noch vorkommen. Im Kirchenschiff versammeln sich die Gläubigen mit der ganzen Kirche: mit Christus und allen Heiligen, die bildhaft in den Ikonen gegenwärtig sind. Daher ist Christus in der Kuppel dargestellt, und zwar als der Pantokrator (der Allherrscher, der Allmächtige), also zugleich als Schöpfer, Erlöser und kommender Richter.

Meist steht in der Mitte des Raums ein Ikonenpult, auf dem die Ikone des Tagesfestes oder -heiligen oder des Kirchenpatrons liegt. Indem die Gläubigen sich vor den Ikonen bekreuzigen, verneigen und sie küssen, bringen sie ihre Verehrung gegenüber Gott und den Heiligen zum Ausdruck. Sie zünden Kerzen an, um ihr Gebet durch das Licht der Kerzenflamme sichtbar zu machen.

In vielen Kirchen hängt in der Mitte ein großer, runder Leuchter mit zwölf Kerzen oder Glühbirnen, der mit Ikonen der zwölf Apostel geschmückt ist; er wird »Apostelleuchter« genannt, denn er erinnert daran, dass Christus die Apostel ausgesandt hat, die Welt mit seinem Licht zu erleuchten.

In manchen Kirchen ist ein besonderer Platz für das Gedächtnis an die Toten eingerichtet; dort findet man meist eine Ikone mit der Darstellung der Kreuzigung Christi oder seiner Grablegung sowie einen Kerzenständer, wo Kerzen zum Gedächtnis an die Verstorbenen entzündet werden; denn in der überzeitlichen Dimension der Kirche gibt es keine Trennung zwischen den bereits verstorbenen und den noch lebenden Gläubigen.

Manche Kirchen haben Bänke oder Stuhlreihen für die Gläubigen; andere hingegen haben nur ein paar Sitzgelegenheiten an den Wänden für die Älteren oder die nicht ganz Gesunden, denn so weit es die Gesundheit zulässt, bleiben die Gläubigen während des Gottesdienstes als ein Zeichen des Respekts vor Gott stehen.

Verschieden gestaltet sein kann der Platz, von dem aus das Evangelium verlesen wird, der *Ambo*. Manchmal hat er die Form einer Kanzel. Im Kirchenschiff vieler orthodoxer Kirchen findet man einen besonders schön gestalteten Sitz, der auch »Thron« genannt wird; dieser ist für den Bischof reserviert. In anderen Kirchen befindet sich dieser Sitz (griech.: *Kathedra*) auch im Altarraum. Dieser Stuhl ist mit einer Christus-Ikone geschmückt; sie soll zeigen, dass Christus der eigentliche Leiter des Gottesdienstes ist; der Bischof handelt im Gottesdienst in seinem Auftrag.

Eine wichtige Funktion haben die Sänger und Chöre im orthodoxen Gottesdienst. Sie sind nicht eine bloße Bereicherung zur Verschönerung des Gottesdienstes, sondern singen mit den und für die Gläubigen einen Teil der gottesdienstlichen Texte. Deshalb sind sie ein fester Bestandteil der Feier. Der Platz der Sänger und Chöre im Kirchenschiff ist nicht festgelegt, er variiert von Kirche zu Kirche, ebenso auch seine Ausgestaltung.

Ikonostase

Beim Betreten einer orthodoxen Kirche fällt dem Besucher sofort die Ikonostase oder Ikonenwand auf. Sie bildet den Übergang vom Kirchenschiff zum Altarraum; sie erscheint wie eine Grenze zwischen zwei Welten und verbindet doch zugleich beide miteinander. Die Form und Größe der Ikonostase kann unterschiedlich sein. Die heute übliche Form ist das Ergebnis einer jahrhundertelangen Entwicklung. In jüngster Zeit greifen einige Gemeinden bei der Einrichtung ihrer Kirche wieder die frühchristliche Tradition der halbhohen Altarschranke auf, die der Gemeinde einen freien Blick auf das Geschehen im Altarraum gewährt.

Im Laufe der Zeit bildete sich ein festes Schema der Anordnung der Bilder auf der Ikonostase aus: Ganz oben wird die Ikonostase von einem Kreuz, dem Zeichen des Sieges über den Tod, abgeschlossen. In der obersten Reihe der Ikonostase sehen wir in der Mitte Christus als Allherrscher (griech.: *Pantokrator*), umgeben von der Gottesmutter Maria und Johannes dem Täufer sowie Heiligen, Propheten und Vorvätern des Alten Testaments. Unter dieser Reihe finden wir Ikonen der Hochfeste des Kirchenjahres, also der wichtigsten Ereignisse der Heilsgeschichte Jesu Christi (z.B. Geburt Christi, Taufe Christi, Verklärung auf dem Berg Tabor, Einzug in Jerusalem, Einsetzung des Abendmahls, Kreuzigung, Auferstehung).

Mittlere Tür einer Ikonostase

In der Ikonostase befinden sich drei Türen. Die mittlere Tür wird Königstür oder Heilige Tür genannt. Auf ihr sind die Verkündigung des Erzengels Gabriel an die Gottesgebärerin Maria dargestellt sowie die vier Evangelisten oder die Kirchenväter, denen die Überlieferung die Gestaltung der Liturgietexte zuschreibt. Auf den Seitentüren sind Engel oder heilige Diakone dargestellt.

Links neben der Königstür ist Christus als der menschgewordene Erlöser (als Kind) auf dem Arm seiner Mutter dargestellt, rechts als der am Ende der Zeiten wiederkehrende Christus. Daneben finden sich noch Ikonen von Johannes dem Täufer, dem Kirchenpatron bzw. dem Patronatsfest und anderen von der jeweiligen Gemeinde besonders verehrten Heiligen.

Altarraum

Im Mittelpunkt des Altarraums steht der Altar. Auf dem Altar befindet sich das Evangelienbuch, ein Kreuz, mit dem der Priester die Gläubigen segnet, ein Tuch mit der Darstellung der Grablegung Christi, in das oft Reliquien eingenäht sind (*Antimension*), ein Kerzenleuchter (häufig mit sieben Lichtern) und meist ein Tabernakel. Während des Gottesdienstes werden Kelch und Brotteller (*Diskos*) für die Eucharistie, das hl. Abendmahl, zum Altar gebracht.

Auf der linken Seite des Altarraumes steht ein Tisch, auf dem Brot und Wein bereitet werden, bevor sie zum Altar getragen werden (Rüsttisch, griech.: *Proskomidie*). Auf der rechten Seite des Altarraumes werden die gottesdienstlichen Gewänder und Geräte, also z.B. Kelche und Schalen, aufbewahrt.

An der Rückseite des Altarraums befinden sich Sitze für den Bischof und den oder die Priester.

In den westlichen Kirchen

Eingang

Durch die Tür betreten die Gläubigen eine »andere Welt« in »dieser Welt«. Anders gesagt: Der Raum der Kirche will zum Innehalten, zum Bewusstwerden, zum Glauben einladen. Deshalb betritt man ihn über eine Türschwelle. Der vorherige Bereich wird nicht nur symbolisch verlassen.

Der Innenraum, den man nun betritt, ist zumeist bestuhlt oder mit Bänken ausgestattet.

Kreuz

Das Kreuz fehlt in keiner Kirche. Fast immer steht es zentral auf dem Altar oder hängt über ihm. In evangelischen Kirchen sind die Kreuze fast immer ohne den Leib des gekreuzigten Jesus. In den katholischen Kirchen findet man dagegen meist ein *Kruzifix* (Kreuz mit Korpus).

Taufbecken

Früher stand das Taufbecken oft direkt am Eingang oder in einem besonderen Raum. Heute steht das Taufbecken vielfach vor der Gemeinde. Die Taufe soll – für alle sichtbar – in der Gemeinde geschehen. Der Täufling wird »in« die Gemeinde getauft. Katholische Kirchen verzichten unter Umständen auch auf ein eigenes Taufbecken. Es wird dann aber zumindest Weihwasser in einem eigenen Behältnis aufbewahrt.

Altar

Der Altar (d.h. »Tisch«) befindet sich üblicherweise im Osten. Auf dem Altar stehen Kerzen und Blumen, außer in streng reformierten evangelischen Gemeinden, weil diese Gemeinden aus theologischen Gründen auf jeden Schmuck verzichten. Der Altar ist in seiner Grundidee nichts anderes als der Tisch, um den herum sich die ersten Gemeinden trafen. Der Altar und oft auch die Kanzel können in den Farben des Kirchenjahres geschmückt sein. In katholischen Gemeinden ist ein solcher Farbenschmuck weniger üblich; der Priester trägt beim Gottesdienst Gewänder in den entsprechenden liturgischen Farben:

weiß	für alle Christusfeste: Weihnachten bis Epiphanias (Dreikönig), Ostern bis vor Pfingsten, Trinitatis (Fest der Dreieinigkeit)
grün	für die so genannte »festlose Zeit« im Kirchenjahr
rot	für Pfingsten, Reformationstag (nur evangelisch)
violett	für Advent, Passionszeit

Kanzel

Die Kanzel dient traditionell der Predigt. In der evangelischen Tradition wurde die Kanzel zu einem sehr wichtigen Teil der Kirche, da dort die Auslegung der Bibel stattfindet. Manchmal war die Kanzel erhöht, dies symbolisierte die Wichtigkeit des Wortes Gottes. Ganz nebenbei verlieh sie dem Prediger auch die Macht, auf die Leute herabzuschauen bzw. der Predigende hat, positiv gesprochen, alle Anwesenden im Blick.

In älteren katholischen Kirchen findet man zwar auch heute noch eine Kanzel, doch wird diese kaum mehr benutzt. Die Predigt wird üblicherweise vom Ambo (Lesepult) aus, der im Altarraum steht, gehalten.

Katholische Besonderheiten

Weihwasserbecken

Wasser ist für den antiken Menschen in erster Linie Quelle der Fruchtbarkeit; vor allem strömendes Wasser bzw. sprudelnde Quellen bedeuten Leben. Der in der Antike verbreitete Brauch, Wasser zur religiösen Reinigung und Entsühnung zu verwenden, wurde auch in den christlichen Gemeinden aufgenommen.

Darum befinden sich hinter den Eingangstüren katholischer Kirchen Becken, die geweihtes Wasser enthalten, in die die Gläubigen die rechte Hand eintauchen und dann in Kreuzesform Stirn, Brust und die linke und rechte Schulter berühren.

Für viele Gläubige hat dies (wie für den antiken Menschen) den Sinn der »Reinigung«, das Bezeichnen mit dem Weihwasser soll aber vor allem das Handeln Gottes in Jesus Christus an uns Menschen ausdrücken: In der Taufe (mit Wasser) zieht der Täufling Christus als Gewand an, bei der Benetzung mit (Weih-)Wasser erinnert sich der Gläubige an seine Taufe.

Kniebänke

Die Prostratio (Niederwerfung auf die Erde) im Gebet ist ein uralter Brauch, der schon in vormonotheistischer Zeit geübt wurde. Das Niederknien zum Gebet ist auch im Neuen Testament bezeugt (Markus 14,35; Lukas 22,41).

In der Gebärde des Kniens bringt der Mensch seine Kleinheit und Niedrigkeit Gott gegenüber zum Ausdruck. Das Sichniederwerfen und Knien beim Gebet erwächst auch aus dem Bewusstsein der eigenen Sünde und kennzeichnet das Bußgebet und das eindringliche Bittgebet. Als Zeichen der Ehrfurcht und der Verehrung machen katholische Gläubige eine Kniebeuge vor dem Tabernakel und knien bei bestimmten Teilen des Gottesdienstes.

Tabernakel

Tabernakel

Im Tabernakel wird das geweihte Brot (Hostien) aufbewahrt. Oft ist der Tabernakel reich verziert.

Das Ewige Licht

Es ist uralter Brauch, an heiligen Stätten Licht brennen zu lassen zum Zeichen der Verehrung, aber auch des Segens, der von diesen Stätten ausgeht. Solche Lichter finden sich von Beginn an in den christlichen Gotteshäusern – insbesondere vor den Altären und den Märtyrergräbern.

In der Ostkirche brennt vor einer Ikone ständig ein solches Licht. Die Westkirche kennt diesen Brauch fast nur in Wallfahrtsheiligtümern oder vor hoch verehrten Gnadenbildern. Der Tabernakel hingegen wird immer mit einem solchen »Ewigen Licht« gekennzeichnet.

(Opfer-)Kerzen

Schon in vorchristlicher Zeit gab es vor allem im Bereich des Totenkultes den Brauch, Kerzen (zur Abwehr von Dämonen) anzuzünden; ein Brauch, der auch ins Christentum übernommen wurde, sodass brennende Kerzen zum Totengeleit, zur Aufbahrung und zur Grabpflege hinzugehören. Die Gläubigen sehen im Licht der Kerze auch ein Symbol für Christus (Osterkerze!).

Kerzen können auch beim Einzug zum Gottesdienst, bei der Evangelienprozession und anderen Gelegenheiten getragen werden. Die Kerzen, die beim Einzug mitgeführt werden, wurden ursprünglich um den Altar herum aufgestellt. Daraus entwickelte sich in der Westkirche der Brauch (und später die Vorschrift), dass zum Gottesdienst auf dem Altar brennende Kerzen stehen müssen.

Vor Heiligendarstellungen entzünden die Gläubigen oftmals Votivkerzen (Opfer-kerzen), um ihrer besonderen Verehrung Nachdruck zu verleihen und ihre Gebetsinten-tion zu versinnbildlichen.

Beichtstuhl / Beichtraum

Gemäß der Heiligen Schrift gehört das Bekenntnis der Schuld zu den wichtigsten Zeichen der Abkehr von der Sünde (vgl. Jakobus 5,16) und findet im Bußsakrament seinen Aus-druck. Der Ort für das Bußsakrament ist der Beichtstuhl bzw. der Beichtraum, in dem reuige Gläubige einem Priester ihre Sünden bekennen und von diesem im Namen Gottes von Sünden freigesprochen werden.

Protestantische Besonderheiten

Innenraum einer protestantischen Kirche (Alte Kirche, Langenberg)

Der Raum ist meist einfach gestaltet und konzentriert sich auf das Wesentliche. In beson-ders strengen protestantischen Gemeinden soll kein Schmuck von Gott ablenken. Allein eine Bibel liegt auf dem Altar. Solange diese Einfachheit nicht Lieblosigkeit oder Gleich-gültigkeit gegenüber dem Raum ist, sondern die Beschränkung auf das Wesentliche, wirkt auch dieser Raum sakral.

Bilder und Schmuck sind vielen protestantischen Kirchen nicht fremd. Allerdings soll auf jede bildliche Darstellung Gottes verzichtet werden. Typisch für den evangelischen Raum sind Bibelworte über dem Altar, an den Seitenemporen oder an den Wänden. Diese Worte wollen die Menschen trösten, ermutigen oder ermahnen. Einige Beispiele:

Der Herr ist mein Hirte, mir wird nichts mangeln. (Psalm 23,1)
Ich bin der Weg, die Wahrheit und das Leben, wer mir vertraut, wird leben, auch wenn er stirbt. (Johannes 14,6)

Auf dem Taufbecken:
Ich habe dich bei deinem Namen gerufen, du bist mein. (Jesaja 43,1)

Moschee

Innenansicht einer Moschee (Emir-Sultan-Moschee, Hilden)

Die Gebetsnische (*mihrab*)

Gemäß Sure 2,144 ist den Muslimen beim Gebet die Ausrichtung zur Kaaba in Mekka vorgeschrieben. Dieser Koranvers findet sich in türkischen Moscheen häufig über der Gebetsnische.

Gebetsnische

Sure 2,144: »So werden wir dir eine Gebetsrichtung festlegen, mit der du zufrieden sein wirst. Wende also dein Gesicht in Richtung der heiligen Moschee. Und wo immer ihr seid, wendet euer Gesicht in ihre Richtung.«

Diese Gebetsrichtung nach Mekka, die *qibla*, wird in den Moscheen durch eine Gebetsnische, *mihrab* genannt, angezeigt, vor der sich die Betenden in eng aufeinander folgenden Reihen Schulter an Schulter neben- und hintereinander aufstellen. Die Gebetsnische bündelt und konzentriert alle Gebete in allen Moscheen auf eine Richtung hin – nach Mekka. Vor den Betenden steht der Vorbeter, der *imam,* der das gemeinsame Gebet leitet, in der Gebetsnische, einer türartigen, muschelförmigen Höhlung in der Qibla-Wand.

Die Gebetsnische ist der wichtigste und der am reichsten geschmückte Teil einer Moschee. Die Nische selbst ist nicht heilig, sondern die Richtung, die sie angibt. Der *mihrab* symbolisiert eine Pforte, die Tür in die spirituelle Welt, durch die die Gebete ins Jenseits aufsteigen. Er ist Wegweiser für die Gläubigen und Tor zum Paradies. Er ist ein Symbol für die Konzentration des Betenden, der sein Gebet an Gott richtet. In der Moschee von Mossul aus dem 12. Jahrhundert ist die Gebetsnische als leicht geöffnete Tür gestaltet und demonstriert damit die religiöse Bedeutung der Nische.

Die architektonische Herkunft verweist auf zwei religiöse Quellen: auf die Thora-Nische in Synagogen und auf die Apsis der christlichen Kirchen. Thora-Nische und Apsis wiederum gehen auf den antiken Baldachin zurück, unter dem eine Götterstatue oder der Thron des Gottherrschers stand. Mit der Gestaltung der Nische erfolgt auch eine Übernahme des Symbols der Göttlichkeit.

Im *mihrab* wird die Heiligkeit des Wortes durch Licht symbolisiert, das häufig mittels einer kunstvoll gestalteten Ampel den Raum erfüllt. Dieses Licht wird als das ewige Licht der Offenbarung angesehen. Außerdem werden im *mihrab* oft Koranverse auf kostbaren Materialien und in kalligraphisch höchster Sorgfalt und Schönheit abgebildet. So verweist die ästhetische Ausgestaltung des *mihrab* auf seine religiöse Funktion.

Die Predigerkanzel (*minbar*)

Predigerkanzel

Rechts neben der Gebetsnische befindet sich in der Regel die Predigerkanzel, der *minbar*, ein auf einem Treppenpodest ruhender Hochsitz. Von hier aus werden die *chutbas* genannten Ansprachen beim Freitagsgebet oder die Ansprachen an Festtagen an die Versammelten gehalten. Die kurze Predigt am Freitagmittag – nicht mit der christlichen Predigt vergleichbar – ist zweiteilig: Sie enthält eine Unterweisung der Gläubigen und am Ende das Gebet für den Herrscher.

Anfangs stand der Prophet Muhammad zur Predigt auf dem Stumpf einer Palme. Später wurde ein mit zwei Stufen versehener erhöhter Sitz gebaut. Mit der Zeit wurde daraus die Predigerkanzel in ihrer heutigen Form, zu der Stufen hinaufführen. Aus Respekt vor Muhammad betritt der Prediger bei seiner Ansprache niemals die oberste Stufe.

Die Stufen, die hinaufführen, lassen an die Himmelsleiter denken, und der Baldachin über der *minbar* symbolisiert wiederum den Schöpfungs- und Offenbarungshimmel.

Neben dieser für die Ansprachen beim Freitagsgebet und den Festtagsgebeten vorgeschriebenen Kanzel befindet sich in vielen, vor allem in größeren Moscheen noch eine weitere, kleinere Kanzel für den religiösen Unterricht oder die Lehre.

Weitere Gestaltungselemente

Der **Fußboden** einer Moschee ist mit Teppichen oder Matten bedeckt. Die Auslegung der Moschee mit Teppichen zeigt die kulturelle Entwicklung der Moschee. Sie werden oft symbolisch als Gegen- bzw. Ergänzungsstücke zur Kuppel und Gebetsnische verstanden.

Mauern und Wände sind ausgemalt oder mit Fliesen bedeckt. Die Fliesen sind mit Arabesken und Ornamenten, ähnlich jenen auf den Teppichen, in angenehmen Farben und Tönen bemalt und glasiert. Sie lassen den Gebetsraum als einen irdischen Abglanz des Paradiesgartens erscheinen.

Beispiele für Kalligraphie

»Dem islamischen Bilderverbot entsprechend sind alle bildlichen oder figürlichen Darstellungen Gottes oder seiner Geschöpfe verboten. Somit finden sich in den Moscheen weder irgendwelche Bilder noch Statuen oder Figuren. Erlaubt ist hingegen die Verwendung der arabischen Schrift und ihre künstlerische Ausgestaltung in Form der so genannten Kalligraphie. Daher sind viele Moscheen von innen oder außen reich mit Koranversen oder Ornamenten verziert und geschmückt« (Lemmen, S. 24).

Als **Kalligraphie** finden sich immer wieder folgende Zitate:

Das Glaubensbekenntnis

Ich bezeuge: Es gibt keinen Gott außer Allah.
Ich bezeuge: Muhammad ist der Gesandte Allahs.

Der Lichtvers *(Sure 24,35)*

Gott ist das Licht des Himmels und der Erde,
Das Gleichnis seines Lichtes ist
Wie eine Nisch', in welcher eine Leuchte.
Die Leuchte ist in einem Glas,
Das Glas ist wie ein funkelnder Stern,
Die angezündet ist vom Segensbaume,
Dem Ölbaum nicht aus Osten noch aus Westen;
Das Öl fast selber leuchtet, wenns
Auch nicht berührt die Flamme;
Licht über Licht – Gott leitet
Zu seinem Lichte, wen er will:
Gott aber prägt die Gleichnisse den Menschen,
Und Gott ist jedes Dings bewusst.

(Übersetzung: Friedrich Rückert)

Der Thronvers *(Sure 2,255)*

Gott, außer ihm kein Gott!
Er der Lebendige, der Beständige,
Ihn fasset weder Schlaf noch Schlummer,
Sein ist was da im Himmel ist und auf Erden;
Wer leget Fürsprach' ein bei ihm,
Als er erlaub' es denn? Er weiß,
Was vor ist und was hinter ihnen,
Doch sie umfassen nichts von seinem Wissen,
Als was er will. Sein Richtstuhl füllt
die Weite Himmels und der Erde,
Und ihn beschwert nicht die Behütung beider,
Er ist der Hohe, Große.

(Übersetzung: Friedrich Rückert)

Oftmals finden sich darunter Tafeln mit den Namen Gottes, des Propheten, seiner unmittelbaren Nachfolger und Angehörigen in reich verzierten Schriftzügen.

Zur Ausstattung gehören zahlreiche **Lampen**, die den Innenraum festlich beleuchten. Sie werden bei abendlichen oder nächtlichen Ritualen angezündet. Sie erinnern mit ihrem Licht an den Lichtvers. Heute wird oftmals elektrisches Licht verwendet.

Für die Lesungen aus dem Koran dienen einfache **Lesepulte** (*kursi*) bzw. Koranständer (*rahle*), aufklappbare Holzgestelle, auf die man beim Lesen oder Rezitieren den Koran legt. Sie sind oft aus einem einzigen Holzstück gefertigt und kunstvoll verziert. Bänke oder Stühle, Orgel, Musik und Lieder sind der Moschee wesensfremd.

Der Koran

SPIRITUELLE VORBEREITUNG DER GLÄUBIGEN

Beim Überschreiten der Schwelle zum Sakralraum werden in allen Religionen von den Kultteilnehmenden besondere Riten vollzogen. So soll die ungleiche Zahl der Altarstufen (3 oder 7) in den christlichen Kirchen garantieren, dass jeder, der mit dem rechten Fuß die erste Stufe betritt, auch die eigentliche Altarstufe mit rechts erreicht. Ein Moslem soll nach Al-Bukhari die Moschee zuerst mit dem rechten Fuß betreten, denn dem Heiligen nähert man sich von rechts.

Aber auch das Berühren von geweihtem Wasser, Waschungen, verschiedene Formen der Kopfbedeckung bzw. Bekleidung, Beugen der Knie oder Bekreuzigen markieren den Übergang und konzentrieren den Gläubigen auf seine Mitte, auf den besonderen Ort mit seiner Atmosphäre, auf Gott hin.

Schweigen und Stille spielen bei allen drei Religionen eine große Rolle.

Jüdische Frömmigkeitsformen

Da die Synagoge kein sakraler Raum im strengen Sinne ist, gibt es auch keine vergleichbaren Rituale beim Betreten des Raumes. Insgesamt unterscheidet sich der Umgang der Gemeindemitglieder mit der Liturgie ebenfalls von jenem bei Christen oder Moslems.

Für das Gebet legen Männer einen Gebetsschal aus weißem Wolltuch mit blauen oder schwarzen Streifen an beiden Enden an. In der Reformbewegung tun dies auch manche Frauen. An den Ecken dieses Schals befinden sich Quasten. Dies entspricht der biblischen Weisung:

> *Und der Herr sprach zu Mose: Rede mit den Kindern Israel und sprich zu ihnen, dass sie und ihre Nachkommen sich Quasten machen an den Zipfeln ihrer Kleider und blaue Schnüre an die Quasten der Zipfel tun. Und dazu sollen die Quasten euch dienen: sooft ihr sie anseht, sollt ihr an alle Gebote des Herrn denken und sie tun, damit ihr euch nicht von eurem Herzen noch von euren Augen verführen lasst und abgöttisch werdet, sondern ihr sollt alle meine Gebote denken und sie tun, dass ihr heilig seid eurem Gott. Ich bin der Herr, euer Gott, der euch aus Ägyptenland geführt hat, dass ich euer Gott sei, ich, der Herr, euer Gott. (Numeri 15,37–41)*

Religiöse männliche Juden tragen immer eine Kopfbedeckung. Weniger religiöse tun dies nur, wenn sie z.B. in eine Synagoge gehen. Der Ursprung dieses Brauches geht vermutlich erst auf das Mittelalter zurück. Ob der christliche Brauch, die Kopfbedeckung in der Kirche abzunehmen, dem jüdischen Brauch, den Kopf beim Betreten einer Syna-

Jude mit Gebetsschal
und Kippa

goge zu bedecken, zeitlich voranging oder eine Reaktion auf den jüdischen Brauch war, ist ungewiss.

Das Tragen einer Kopfbedeckung drückt den Respekt gegenüber dem Göttlichen aus. Deshalb werden auch nichtjüdische Besucher einer Synagoge gebeten, eine Kopfbedeckung zu tragen.

Möchte man in Deutschland als Nicht-Jude einen Synagogen-Gottesdienst besuchen, wird einem die besondere und gefährdete Situation der jüdischen Bevölkerung deutlich. In der Regel muss man sich vorher anmelden. In großen Städten werden besondere Sicherheitsvorkehrungen getroffen wie z.B. das Durchsuchen von mitgebrachten Taschen. Manche Synagogen können nur durch eine Schleuse betreten werden. Grund hierfür ist nicht nur die Bedrohung durch Rechtsradikale, sondern auch der immer wieder aufflammende Konflikt zwischen Israel und der arabischen Welt.

Christliche Frömmigkeitsformen

Beim Betreten einer Kirche verhalten sich die Gläubigen anders als im Alltag. Sie öffnen die Tür und betreten eine andere Welt. Die Stimmen werden leiser, die Schritte langsamer und viele Leute achtsamer. Männer nehmen Hut oder Mütze ab. Am Eingang liegen Gesangbücher bereit. Wer zum Gebet oder Gottesdienst kommt, sucht sich dann einen Platz, an dem er die Atmosphäre der Kirche aufnehmen kann.

Orthodoxe Praxis

»Der Sehnsucht des Menschen nach dem Ort seiner ursprünglichen bzw. endzeitlichen Gemeinschaft mit Gott entspricht das Kirchengebäude, das als ›Bild der kommenden Güter‹ (Johannes von Damaskus, 2. Rede von den Bildern, 23. Kap.) das verlorene Paradies darstellt. Mit dem Eintritt in das Gotteshaus lässt der Mensch die vergängliche Welt hinter sich und begegnet einer anderen Wirklichkeit; er erwacht wie der Patriarch Jakob aus seinem ›Schlaf‹ und meint: ›Wirklich, der Herr ist an diesem Ort. ... Wie furchtbar ist doch dieser Ort! Hier ist nichts anderes als Gottes Haus und das Tor des Himmels‹ (Genesis 28,16–17)« (Göttliche Liturgie, S. XIV f).

Deshalb bekreuzigen sich orthodoxe Gläubige, wenn sie die Kirche betreten. Man geht zu den Ikonen, die meistens auf Pulten in der Mitte oder am Eingang der Kirche bzw. vor der Ikonostase stehen. Auf dem Pult in der Mitte liegt entweder die Ikone des Heiligen oder des Festes, dem die Kirche geweiht ist, oder die Ikone des Heiligen bzw. des Festes, der bzw. das an diesem Tag gefeiert wird. Auf den Pulten vor der Ikonostase liegen rechts eine Ikone Christi, links eine Ikone der Gottesmutter mit Christus. Die Ikonen werden verehrt, indem die Gläubigen sich bekreuzigen, sich verbeugen und die Ikone küssen. Man könnte das vielleicht mit der Begrüßung unter Freunden oder Verwandten vergleichen, die sich umarmen und auf die Wangen küssen. Die Gläubigen zünden Kerzen an, die sie am Eingang gekauft haben, und stecken sie in den Kerzenständern neben diesen Ikonen oder am Eingang oder auch am Platz für das Totengedächtnis auf. Und natürlich begrüßen sich die anwesenden Gemeindeglieder auch untereinander.

Viele orthodoxe Gläubige, die zum Gottesdienst kommen, beten noch zu Hause oder wenn sie die Kirche betreten haben sog. »Vorbereitungsgebete«, mit denen sie sich persönlich vor Beginn des Gottesdienstes auf den Empfang der Eucharistie, des hl. Abendmahls, vorbereiten, das jeden Sonntag in der Göttlichen Liturgie, wie die Messe bzw. der Hauptgottesdienst in der orthodoxen Kirche genannt wird, gefeiert wird. Wer die Eucharistie empfangen will, hat sich außerdem mit Fasten darauf vorbereitet; dabei gibt es verschiedene Traditionen: So bedeutet das für die einen, am Sonntagmorgen nüchtern, also ohne Frühstück zur Kirche zu kommen, andere halten das Fasten strenger und fasten die ganze vorhergehende Woche, d.h. sie nehmen keine tierischen Produkte zu sich (wobei beim Fasten immer auch dem gesundheitlichen Zustand des Einzelnen Rechnung getragen wird). Für viele gehört die Beichte zur Vorbereitung auf den Eucharistieempfang.

In manchen Kirchen schreiben die Gläubigen Namen von Personen, auch von Verstorbenen, auf Zettel, die dem Priester gegeben werden und der diese dann im Fürbittge-

Innenraum einer
orthodoxen
Kirche (griechisch-
orthodoxe Kirche
in Bonn-Beuel)

bet namentlich erwähnt. In der russischen Tradition werden diesen Zetteln kleine Brote (*Prosphoren*) beigegeben; die Prosphoren werden später den Gläubigen zurückgegeben und entweder mit nach Hause genommen oder nach dem Gottesdienst aufgegessen.

In orthodoxen Kirchen ist meist viel Bewegung. Zum einen durch den Ablauf des Gottesdienstes, wenn z.B. der Diakon oder Priester den gesamten Kirchraum mit Weihrauch beräuchert, das Evangelienbuch oder Brot und Wein durch die Kirche zum Altar getragen werden. Zum anderen aber auch durch die Gläubigen: Die Gottesdienste dauern oft stundenlang und es ist nicht unbedingt üblich, pünktlich von Anfang bis Ende anwesend zu sein. So herrscht während des gesamten Gottesdienstes ein Kommen und Gehen. Auch den Kindern wird in der Regel eine gewisse Bewegungsfreiheit gewährt.

Männer tragen in der Kirche normalerweise keine Kopfbedeckung; ausgenommen die Kleriker. Viele Frauen tragen in der Kirche ein Kopftuch.

Katholische Praxis

Beim Betreten der Kirche bekreuzigen sich die Gläubigen mit Weihwasser. Ehe sie sich in eine Bank setzen, knien sie kurz nieder (Kniebeuge).

Im gesamten öffentlichen und kulturellen Leben sind die kirchlichen Amtsträger um ihres Dienstes willen durch besondere Kleidung hervorgehoben. Wer im Gottesdienst liturgische Dienste übernimmt – Priester, Diakon, Messdiener/innen (Ministrant/innen) – trägt auch entsprechende liturgische Kleidung. Liturgische Kleidungsstücke sind keine »Uniformen«. Sie unterstreichen vielmehr den feierlichen Charakter des Gottesdienstes und zeigen, dass es hier nicht mehr um rein menschliche Handlungen geht, sondern der Raum des Göttlichen geöffnet wird. Die liturgische Kleidung entrückt dem Alltag und der Welt.

Der Diakon trägt eine Dalmatik, der Priester das Messgewand, für die übrigen Dienste gibt es entsprechende einfachere Gewänder. Dalmatik und Messgewand werden über der (weißen) Albe getragen und durch eine Stola (das eigentliche Zeichen eines Klerikers) vervollständigt. Messgewand und Stola sind in den liturgischen Farben gehalten, die je nach Kirchenjahreszeit und Anlass wechseln.

Protestantische Praxis

Wer einen Gottesdienst besucht, verweilt einen Augenblick im Stehen, bevor er sich setzt. Dies verhilft zur inneren Sammlung und bietet eine Gelegenheit für das persönliche Gebet. Es ist auch eine Vorbereitung für den Gottesdienst. Der Mensch kommt mit Leib und Seele in dem Raum an, in dem er jetzt ist.

Dazu gibt es manchmal auch die Tradition der persönlichen Begrüßung durch den Pfarrer oder die Pfarrerin, durch ein Mitglied des Kirchenvorstandes oder durch den Küster oder die Küsterin.

In der Kirche bleibt es – wenn nicht gerade ein fröhlicher Familien- oder Kindergottesdienst gefeiert wird – meist still. Diese Stille ist Ausdruck der inneren Sammlung und der Achtung vor Gott. Manche Menschen kommen bewusst länger vor dem Gottesdienst, um diese Stille in sich aufzunehmen. Besonders bewusst wird die musikalische Gestaltung des Gottesdienstes mit Orgelspiel und Kirchenliedern gepflegt.

Evangelische Pfarrerinnen und Pfarrer tragen im Gottesdienst einen Talar, der in der Regel schwarz ist und am Hals ein weißes Bäffchen hat. Dazu kann noch eine Stola (Schal) kommen, die um die Schultern gelegt wird. Es gibt aber in einigen Landeskirchen auch die Möglichkeit, wie der katholische Priester ein weißes Gewand (Albe) mit Stola zu tragen. Diese Gewänder haben zwei Aufgaben:

- Sie sollen die Geistlichen erkennbar machen und ihr Amt verdeutlichen,
- und sie sollen in ihrer Besonderheit den Fest- und Feiercharakter des Gottesdienstes betonen.

Die Farben der Stola sind den Kirchenjahresfesten angepasst und entsprechen den liturgischen Farben, in denen auch der Altar geschmückt ist.

Muslimische Frömmigkeitsformen

Kleidung

Der Boden in einer Moschee ist meist mit Teppichen oder Matten ausgelegt. Das Innere darf nicht mit Straßenschuhen betreten werden. Diese Vorschrift ist Teil der strikt einzuhaltenden Reinheitsgebote. So ziehen alle gläubigen Muslime (und auch jeder Besucher) beim Betreten einer Moschee die Schuhe aus.

Manner bedecken in Moscheen den Kopf mit einer kleinen Gebetskappe, Frauen mit Tüchern und Schleiern. Dezente Kleidung, oft auch eine Kopfbedeckung, wird auch von andersgläubigen Besuchern gefordert.

Rituelle Waschungen

Das Ritualgebet der Muslime hat im Zustand ritueller Reinheit zu erfolgen. Aus diesem Grund befinden sich vor vielen Moscheen oder in den Innenhöfen Brunnen bzw. Waschgelegenheiten, um die für das Gebet notwendigen rituellen Waschungen vorzunehmen. Dies kann auch in eigens dafür eingerichteten Waschräumen geschehen.

Rituelle Waschungen drücken aus: Nicht allein der Ort des Gebets soll rein sein, sondern auch die Seele der Betenden, ehe sie die Moschee betreten. Bei der kleinen Reinigung werden Gesicht und Vorderkopf, die Arme bis zum Ellenbogen und die Füße bis zu den Knöcheln unter fließendem Wasser gewaschen. Die Einzelheiten der Waschung, im Laufe der Zeit genau festgelegt, werden vom Aufziehen des Wassers durch die Nase bis zur Fingerhaltung beim Reinigen der Ohren genau beachtet. Jede der Bewegungen wird von bestimmten Gebeten begleitet. Reinheit ist eines der wesentlichen Prinzipien im islamischen Glauben.

Geschlechtertrennung

Die Verpflichtung zum Gebet gilt für Männer und Frauen. Dabei herrscht in den meisten Moscheen eine strikte Trennung nach Geschlechtern. Dies schlägt sich oft auch baulich nieder. Beten beide Geschlechter gleichzeitig und gemeinsam in der Moschee, tun die Frauen dies in der Regel im hinteren Teil der Moschee. Die Trennung der Geschlechter wird durch Tücher, Gitter oder Wände vorgenommen, bisweilen befindet

**Rituelle
Waschungen**

sich ein Raum für die Frauen auf einer Empore, von der aus sie dem Freitagsgebet bei-
wohnen und der Predigt zuhören können. Auch getrennte Gebetsräume mit Lautspre-
cherübertragung kommen vor. In der Diaspora ist eine gewisse Lockerung der Ge-
schlechtertrennung in Moscheen zu beobachten.

KULTISCHE ZEREMONIEN UND RITUALE

Zu Gottesdienst und Gebet bewegen sich die Gläubigen in freier oder fester ritualisierter Ordnung im Kultgebäude. Ihre Gesten und Haltungen entsprechen zumeist ihrer inneren Empfindung.

Alle drei Religionen wollen die Gläubigen auf ihrem Weg durch das Leben begleiten. Dazu haben besonders die jüdische und christliche Religion eigene kultische Riten entwickelt.

Judentum

Das Judentum ist primär eine Schicksalsgemeinschaft. Erst an zweiter Stelle ist es auch eine Religionsgemeinschaft. Deshalb hat das Judentum im Laufe der Jahrhunderte eine »Wegweisung« (wörtliche Übersetzung von *Halacha*) entwickelt. Die *Halacha* wurde und wird immer wieder diskutiert und überarbeitet und enthält viele Varianten, die sich von Land zu Land unterscheiden. Die *Halacha* versucht einen jüdischen »Way of Life« zu formulieren, der sowohl den liturgischen als auch den zivilen Rahmen absteckt. In der Reformbewegung hat man den größeren Teil der Halacha ausgeklammert und nur ihre Grundpfeiler übernommen.

Schabbat

Der biblische Schöpfungsbericht verweist die Juden auf den Schabbat (Samstag; auf Hebräisch übrigens: die Schabbat) als den Ruhetag nach dem sechstägigen Schöpfungswerk. An diesem Tag ruhte Gott, wobei diese Ruhe mehr ist als die Abwesenheit einer Tätigkeit. Sie ist eine bewusste, positive Kraft, die Seele und Körper benötigen. Der siebte Tag der Woche ist also ein besonderer Tag, der den Alltag unterbricht.

Wie jeder Tag im Judentum beginnt auch Schabbat mit dem Sonnenuntergang des Vortages, also am Freitagabend. Schabbat endet am Samstagabend, wenn drei Sterne am Himmel sichtbar sind.

Am Schabbat ist Arbeit verboten. Doch ist die Diskussion um die Definition dessen, was als »Arbeit« gilt, ein immer während Thema bei der Fortentwicklung der Halacha.

Gottesdienst

Für einen öffentlichen Gottesdienst ist ein *Minjan* notwendig. Das heißt, es müssen mindestens zehn religionsmündige Männer anwesend sein. In Reformgemeinden werden auch Frauen zum Minjan gezählt.

Der Synagogengottesdienst ist ein reiner Wortgottesdienst.

Heilige Schrift: Die Thora

Der Terminus Thora bedeutet wörtlich »Lehre, Weisung« und bezeichnet mindestens drei verschiedene Textkomplexe: Zunächst und zentral sind mit Thora die fünf Bücher Mose gemeint; in einem erweiterten Sinn bezeichnet Thora die ganze hebräische Bibel (bei Christen »Altes« Testament genannt). Im weitesten Sinn kann Thora aber auch noch die gesamte nachbiblische jüdische Auslegungstradition wie Mischna, Talmud und die weitere rabbinische Literatur umfassen.

Da das Judentum primär eine Schicksalsgemeinschaft ist, heißt Thora in jeder der drei Bedeutungen etwa »Anweisung zum Leben«. Das Judentum ist also eine Gemeinschaft, die ihr Leben als Kollektiv und im Konsens gestalten möchte. In moderner Sprache kann man die Thora als »Verfassung des Judentums« bezeichnen, und deshalb ist sie so komplex und kompliziert wie das Leben selbst.

Christen haben diesen Aspekt im Laufe der Geschichte meist missverstanden und gemeint, die Thora sei eine Vielzahl von Geboten, Pflichten, Vorschriften usw. Bedenkt man jedoch, dass sie die Funktion einer Verfassung hat, versteht man besser, wieso die Thora neben ihren großen erzählerischen auch juristische Teile enthält. Die im Deutschen häufig genutzte Übersetzung von Thora als »Gesetz« ist jedoch äußerst missverständlich.

offene Thorarolle

Liturgisch gesehen hat die Thora im engeren Sinne, also die fünf Bücher Mose, einen besonderen Stellenwert. In der Regel wird die ganze Thora innerhalb eines Jahres gelesen. Die einzelnen Abschnitte für die Gottesdienste sind festgelegt. Zur Lesung der Wochenabschnitte werden verschiedene Gemeindeglieder, aber auch anwesende jüdische Gäste aufgerufen. Es ist eine Ehre, aus der Thorarolle vor der Gemeinde vorlesen zu dürfen. Da aber die Lesung auf hebräisch und mit traditioneller Betonung stattfindet, muss dies gelernt und geübt sein. Viele Juden können es nicht, sodass der Vorbeter diese Aufgabe in ihrem Auftrag übernimmt. Die Gemeindeglieder, die eigentlich zur Lesung aufgerufen sind, stehen neben dem Vorleser und umrahmen die Lesung mit einem Segensspruch.

Um als Vorbeter dienen zu können, ist die **Bar Mizwa** die Voraussetzung. Bar Mizwa (Sohn des Gebots) ist die Bezeichnung eines Jungen, der das 13. Lebensjahr vollendet hat und damit zur Erfüllung religiöser Gebote verpflichtet bzw. berechtigt ist.

Dies wird mit der ersten öffentlichen Aufrufung des Jungen zur Verlesung aus der Thora im Synagogen-Gottesdienst gefeiert. Von da an zählt er zum Minjan, zu den für einen gültigen öffentlichen Gottesdienst erforderlichen Männern. In der Reformbewegung gibt es diese Zeremonie auch für Mädchen (*Bat Mizwa*).

Die Verlesung des jeweiligen Abschnitts der Thora bildet den Höhepunkt des Gottesdienstes. In einer feierlichen Prozession wird die Rolle aus dem Thoraschrein geholt und dann durch die ganze Synagoge getragen. Die Anwesenden stehen auf und bilden eine Gasse. Auch die Frauen auf der Empore stehen auf und kommen nach vorn, um der Thorarolle so nah wie möglich zu sein. Nach der Prozession wird die Rolle auf die Bima getragen und begrüßt. Beim feierlichen Emporheben (am Schabbat-Morgen) werden folgende Worte aus den Sprüchen Salomos gesprochen: »Denn eine gute Lehre gebe ich euch. Verlasst sie nicht. Ein Baum des Lebens ist sie denen, die an ihr festhalten, und die sie erfassen, sind glücklich.«

Die Rolle wird mit großer Achtsamkeit behandelt und nach dem Verlesen wieder in einer Prozession in den Thoraschrein gebracht. Der Abschnitt aus der Thora bildet die erste Lesung im Gottesdienst, die durch eine zweite, inhaltlich passende Lesung aus den anderen Büchern der hebräischen Bibel ergänzt wird.

Jüdisches Beten

Neben den Thoralesungen hat das laute Sprechen der Gebete einen hohen Stellenwert im jüdischen Gottesdienst. Dabei werden alle Gebete in Hebräisch mit besonderer, vorgeschriebener Betonung gesprochen oder gesungen. Deshalb wird dies oft von professionellen Vorbetern oder Kantoren übernommen. Die Gemeinde kann anhand der Gottesdienstordnung die Gebete verfolgen und an entsprechenden Stellen mit einfallen oder mit »Amen« antworten.

Das **Achtzehn-Bitten-Gebet** oder kurz **Achtzehn-Gebet** hat seinen Namen von den ursprünglich achtzehn Segenssprüchen, die dieses Gebet enthalten hat. Es entstand im 5. Jahrhundert v. Chr. Obwohl im 1. Jahrhundert v. Chr., kurz nach Zerstörung des zweiten Tempels, eine Bitte aufgeteilt wurde, sodass das Gebet jetzt neunzehn Bitten umfasst, behielt es dennoch seinen ursprünglichen Namen.

Das Achtzehn-Bitten-Gebet

Herr, öffne meine Lippen und mein Mund verkünde deinen Ruhm.

(1) *Gepriesen seist du, Ewiger, unser Gott und Gott unsrer Väter, Gott Abrahams, Gott Isaaks und Gott Jakobs, großer, mächtiger und furchtbarer Gott, höchster Gott! Der Gnade und Güte erweist und erschuf das All und gedenkt der Liebe der Väter, und bringt den Erlöser ihren Kindeskindern um seines Namens willen in Liebe. König, Helfer, Retter und Schild! Gepriesen seist du, Ewiger, Schild Abrahams.*

(2) *Du bist mächtig in Ewigkeit, Herr! Die Toten belebst du, stark in Hilfe. Die Lebenden erhältst du in Liebe, die Toten belebst du in großem Erbarmen – stützest die Fallenden, heilest die Kranken, lösest die Gefangenen und hältst die Treue den im Staub Schlafenden. Wer ist wie du, Herr der Gewalten, und wer gleicht dir? König, der tötet und belebt und sprossen lässt das Heil. Getreu bist du, die Toten zu beleben. Gepriesen seist du, Ewiger, der die Toten belebt.*

(3) *Du bist heilig, dein Name ist heilig, und die Heiligen loben dich jeden Tag. Gepriesen seist du, Ewiger, heiliger Gott.*

(4) *Du begnadest den Menschen mit Erkenntnis und lehrest den Menschensohn Verstehen. Schenk uns von dir Erkenntnis, Verstehen und Wissen. Gepriesen seist du, Ewiger, der begnadet mit Erkenntnis.*

(5) *Bring uns zurück, unser Vater, zu deiner Lehre, und nähere uns, unser König, deinem Dienst. Und führe uns zurück in vollkommener Rückkehr zu dir. Gepriesen seist du, Ewiger, dem die Rückkehr gefällt.*

(6) *Vergib uns, unser Vater, denn wir haben gesündigt, verzeih uns, unser König, denn wir haben uns verschuldet; denn vergebungsvoll bist du und verzeihst. Gepriesen seist du, Ewiger – Gnädiger, der so oft vergibt.*

(7) *Sieh unsere Armut und streite unseren Streit und erlöse uns bald um deines Namens willen, denn ein starker Erlöser bist du. Gepriesen seist du, Ewiger, der Israel erlöst.*

(8) *Heile uns, Gott, so sind wir geheilt, hilf uns, so ist uns geholfen! Und bring vollkommene Heilung all unseren Leiden. Denn du, Gott, König, bist ein treuer und erbarmungsvoller Arzt. Gepriesen seist du, Ewiger, der die Kranken seines Volkes Israels heilt.*

(9) *Segne uns, Herr unser Gott, dieses Jahr und alle Arten seines Ertrags zum Guten, gib Segen auf die Erde und sättige uns mit deinem Gut, und segne unser Jahr wie die guten Jahre. Gepriesen seist du, Ewiger, der die Jahre segnet.*

(10) *Blase die große Posaune zu unserer Freiheit und erhebe das Zeichen, unsre Verbannten zu sammeln, und sammle uns alle von den vier Enden der Erde. Gepriesen seist du, Ewiger, der da sammelt die Zerstreuten seines Volkes Israel.*

(11) *Bring zurück unsre Richter wie vordem und unsre Berater wie einst, lass von uns weichen Kummer und Seufzen und herrsche über uns du Gott allein in Liebe und Erbarmen, und rechtfertige uns im Gericht. Gepriesen seist du, Ewiger, König, der Gerechtigkeit liebt und Gericht.*

(12) *Den Verleumdern sei keine Hoffnung und alle Übeltäter vergehen im Augenblick, alle werden sie schnell vertilgt und die Frevler reißest du schnell aus und zerbrichst und stürzest und beugst – bald, in unsern Tagen. Gepriesen seist du, Ewiger, der die Feinde bricht und die Frevler beugt.*

(13) *Über die Gerechten und die Frommen und die Ältesten deines Volkes, des Hauses Israel, und über den Rest seiner Schriftgelehrten und die frommen Fremden und über uns rege sich dein Erbarmen, Herr unser Gott. Und gib schönen Preis allen, die wahrhaft auf deinen Namen vertrauen. Und gib unser Teil mit ihnen ewiglich, dass wir nicht zuschanden werden, denn auf dich vertrauen wir. Gepriesen seist du, Ewiger, Stütze und Zuflucht der Gerechten.*

(14) *Nach Jerusalem deiner Stadt kehre zurück in Erbarmen und wohne in ihrer Mitte wie du gesprochen. Und baue sie bald, in unsern Tagen, einen ewigen Bau, und den Thron Davids richte bald auf in ihrer Mitte. Gepriesen seist du, Ewiger, der Jerusalem baut.*

(15) *Den Spross Davids, deines Knechtes, lass bald sprossen und erhebe seine Macht in deinem Heil, denn auf dein Heil hoffen wir jeden Tag. Gepriesen seist du, Ewiger, der das Heil sprossen lässt.*

(16) *Hör unsre Stimme, Herr unser Gott, schone, erbarme dich über uns und empfange in Barmherzigkeit und Wohlgefallen unser Gebet, denn du, Gott, hörst Gebet und Flehen. Und lass uns, o unser König, nicht leer von dir zurückkehren, denn du hörst das Gebet deines Volkes Israel in Erbarmen. Gepriesen seist du, Ewiger, der auf unser Gebet hört.*

(17) *Habe Gefallen, Herr unser Gott, an deinem Volk Israel und seinem Gebet. Bringe den Gottesdienst zurück zu dem Heiligtum deines Hauses, und die Opfer Israels und ihr Gebet empfange in Liebe und Wohlgefallen – und zu ständigem Wohlgefallen sei der Dienst Israels, deines Volkes. O dass unsre Augen schauen mögen, wie du nach Zion zurückkehrst in Erbarmen. Gepriesen seist du, Ewiger, der seine Gegenwart zurückkehren lässt nach Zion.*

(18) *Wir danken dir, denn du bist der Herr unser Gott und Gott unsrer Väter ewiglich. Fels unsres Lebens, Schild unsres Heils bist du von Zeitalter zu Zeitalter. Wir danken dir und erzählen deinen Ruhm – für unser Leben, das in deine Hand gegeben und unsre Seelen, die dir anvertraut und deine Zeichen, die jeden Tag bei uns sind und deine Wunder und Güte zu jeder Zeit, Abend, Morgen und Mittag. O Gütiger, niemals vergeht dein Erbarmen, o Erbarmender, niemals vergeht deine Gnade! Seit Ewigkeit harren wir dein. Für dies alles sei dein Name gepriesen und erhoben, o unser König, immer und in Ewigkeit. Alles Leben dankt dir und preist deinen Namen in Wahrheit. O Gott, unser Heil und unsre Hilfe! Gepriesen seist du, Ewiger – Gütiger ist dein Name und dir gebührt Dank.*

(19) *Gib Frieden, Gutes und Segen, Gnade, Liebe und Erbarmen uns und deinem ganzen Volk Israel. Segne uns, unser Vater, uns alle zusammen mit dem Licht deines Angesichts, denn im Licht deines Angesichts gabst du uns, Herr unser Gott, eine Lehre des Lebens, Liebe voll Gnade und Milde und Segen und Erbarmen und Leben und Frieden. Es gefalle dir, dein Volk Israel zu segnen zu jeder Zeit und zu jeder Stunde mit deinem Frieden. Gepriesen seist du, Ewiger, der sein Volk Israel segnet mit Frieden.*

Christen bezeichnen die Proklamation des **Schma Israel** (= Höre Israel) aus Deuteronomium 6,4–9 gern als ein Glaubensbekenntnis des Judentums. Innerjüdisch wird es als Aussage verstanden, dass das Judentum eine besondere Existenzform darstellt, die Schicksalsgemeinschaft und Religionsgemeinschaft in einem ist: »Höre Israel, JHWH (gesprochen: adonaj) unser Gott, JHWH (gesprochen: adonaj) ist einer«. Religiöse Juden sprechen es zweimal täglich.

Dieser Vers kommt erst zu richtiger Geltung durch die beiden Absätze, die darauf im Gottesdienst folgen: Deuteronomium 11,13–21 und Numeri 15,37–41. Das Schma (samt der beiden genannten Absätze) ist von einigen Segenssprüchen umrahmt, die biblisch-rabbinische Vorstellungen von Schöpfung, Offenbarung und Erlösung ausdrücken. Das Schma ist somit im engen Sinn kein Gebet, wird aber gelegentlich so empfunden. Das Schma gehört zu jenen Versen, die die meisten jüdischen Kinder lernen, auch wenn sie aus nicht religiösen Elternhäusern kommen.

Das Schma Israel

Höre Jissrael,
unser Gott, er einer!
So liebe denn
Ihn deinen Gott
mit all deinem Herzen, mit all deiner Seele,
mit all deiner Macht.
So seien diese Reden,
die ich heuttags dir gebiete, auf deinem Herzen,
einschärfe sie deinen Söhnen,
rede davon,
wann du sitzt in deinem Haus
und wann du gehst auf den Weg,
wann du dich legst und wann du dich erhebst,
knote sie zu einem Zeichen an deine Hand,
sie seien zu Gebind zwischen deinen Augen,
schreibe sie an die Pfosten deines Hauses
und in deine Tore!

Geschehen wird's,
hört ihr, hört auf meine Gebote, die ich heuttags gebiete,
ihn euren Gott zu lieben und ihm mit all eurem Herzen,
mit all eurer Seele zu dienen,
werde ich den Regen eures Landes zu einer Frist geben,
Herbstguss und Lenzschauer,
einheimsen wirst du sein Korn,
seinen Most, seinen Ausbruchöl,
ich werde Kraut auf deinem Feld für dein Vieh geben,
du wirst essen und ersatten.

Wahret euch:
leicht möchte betört werden euer Herz,
dass ihr abweichet, anderen Göttern dienet,
ihnen euch hinwerft, –
dann flammt sein Zorn auf euch ein,
er sperrt den Himmel,
nicht fällt Regen mehr,
der Boden gibt nicht sein Gewächs,
ihr schwindet rasch hinweg von dem guten Land,
das ER euch gibt.

Legt diese meine Rede an euer Herz
und an eure Seele,
knotet sie zu einem Zeichen an eure Hand,
sie seien zu einem Gebind zwischen euren Augen,
lehret sie eure Söhne, davon redend,
wann du in deinem Haus sitzest
und wann du dich legst und wann du dich erhebst,
schreibe sie an die Pfosten deines Hauses
und in deine Tore,
damit sich mehren eure Tage
und die Tage eurer Söhne auf dem Boden, den ER
euren Vätern zuschwor, ihnen zu geben,
wie die Tage des Himmels über der Erde.

ER sprach zu Mose, sprach:
Rede zu den Söhnen Jissraels, sprich zu ihnen,
sie sollen sich ein Geblätter machen,
an die Zipfel ihrer Kleider für ihre Geschlechter,
und sollen an das Zipfelgeblätter
einen hyazinthnen Faden geben,
so sei´s euch zu einem Blattmal:
ihr seht es an
und gedenkt all SEINER Gebote
und heilig werdet eurem Gott.
ICH bin euer Gott,
der ich euch aus dem Land Ägypten führte, euch
Gott zu sein,
ICH, euer Gott.

(Übersetzung: Martin Buber/Franz Rosenzweig)

Das **Kaddisch** (von *kadosch* = heilig), eine poetische Formel zum Lobe Gottes, entstand zur Zeit des zweiten Tempels. Es ist die synagogale Lobpreisung Gottes überhaupt. Vier der fünf Abschnitte sind in aramäischer Sprache verfasst. Mit diesem Gebet soll Gottes Name gelobt und geheiligt werden. Darüber hinaus drückt es die Sehnsucht nach der Hoheit Gottes über die Welt aus. Es wird am Ende jedes Hauptteils der Liturgie gesprochen und deutet so die Struktur der Liturgie an.

Das Kaddisch wird auch am Grab gesprochen und erhielt deshalb den Beinamen »Totengebet«. Es wird auch in den ersten elf Monaten nach dem Tod eines engen Verwandten gesprochen.

Das Kaddisch

Verherrlicht und geheiligt werde Sein erhabener Name in der Welt, die ER nach Seinem Ratschluss geschaffen hat. ER lasse Sein Reich kommen, sodass ihr alle mit dem ganzen Haus Israel in unseren Tagen, bald und in naher Zeit es erleben möget. Darauf sprechet: Amen.

Sein erhabener Name sei gepriesen immerdar in Ewigkeit. Gepriesen und gelobt, verherrlicht und erhoben, verehrt und gerühmt, gefeiert und besungen werde der Name des Allmächtigen, gelobt sei ER hoch über alles Lob und Lied und Preis und Trost, die in der Welt ihm dargebracht werden. Darauf sprechet: Amen.

Des Friedens Fülle komme aus Himmelshöhen und Leben für uns und ganz Israel. Darauf sprechet: Amen. Der Frieden stiftet in seinen Höhen, ER gebe Frieden uns, ganz Israel und allen Menschen. Darauf sprechet: Amen.

So wie das Kaddisch die jeweiligen Abschnitte im Gottesdienst markiert, beschließt der **Alenu-Hymnus** den Gottesdienst. In ihm wird die Königsherrschaft Gottes über die ganze Welt ausgerufen: »Uns liegt ob, zu preisen den Herrn des Alls ...«

Die Gebete werden begleitet von verschiedenen **Gebetsgesten**. Orthodoxe Juden osteuropäischer Herkunft pflegen beim Beten als Zeichen meditativer Versenkung hin- und herzuschaukeln. Im Synagogengottesdienst können die Gebete mit verschiedenen Gesten in ihrer Aussage unterstrichen werden: So illustriert der Betende mit einem vorgebeugten Oberkörper seine Verneigung vor Gott wie vor einem König. Oder er kann beim Bekenntnis zu dem einen Gott die Augen mit der rechten Hand bedecken, um sich nicht ablenken zu lassen und sich wirklich ganz auf Gottes Einheit zu konzentrieren. Die *Zizit*, die Quasten am Gebetsmantel, können geküsst werden, um deutlich zu machen, dass man sich an die Gebote Gottes halten will. Der Lobpreis zu Beginn des Achtzehn-Gebets wird verbunden mit einer besonderen Geste der Demut: Man geht zunächst mit aufrechtem Rücken in die Knie, bevor man sich dann tief verbeugt und bei der Nennung des Gottesnamens wieder aufrichtet. Auch der Alenu-Hymnus kann durch diese Geste begleitet werden. Eine Annäherung an den Himmel wird symbolisch dargestellt, indem sich der Betende auf die Zehenspitzen stellt.

Der Gottesdienstablauf und die einzelnen Gebete können anhand der **Gebetsordnung** (*Siddur*), die für alle in den Synagogen ausliegt, genau verfolgt werden. Im Siddur ist die genaue Abfolge des Gottesdienstes festgelegt, mit allen Gebeten und Texten. Häufig enthalten die Gebetbücher auch Übersetzungen in die jeweiligen Landessprachen und Anmerkungen und Fußnoten zu Besonderheiten. Die Siddurim der verschiedenen jüdischen Gruppen unterscheiden sich z. T. in der sprachlichen Ausführung und sind so auch Ausdruck der eigenen Glaubensrichtung.

Das *Machsor* ist ein Gebetbuch für bestimmte Feste (Pessach, Schawuot und Sukkot, Rosch ha-Schana und Jom Kippur), im Wesentlichen ein Siddur mit all den Hinzufügungen für die Feste: Psalmen, Lesungen, bestimmte Rituale, Gedichte und Gebete.

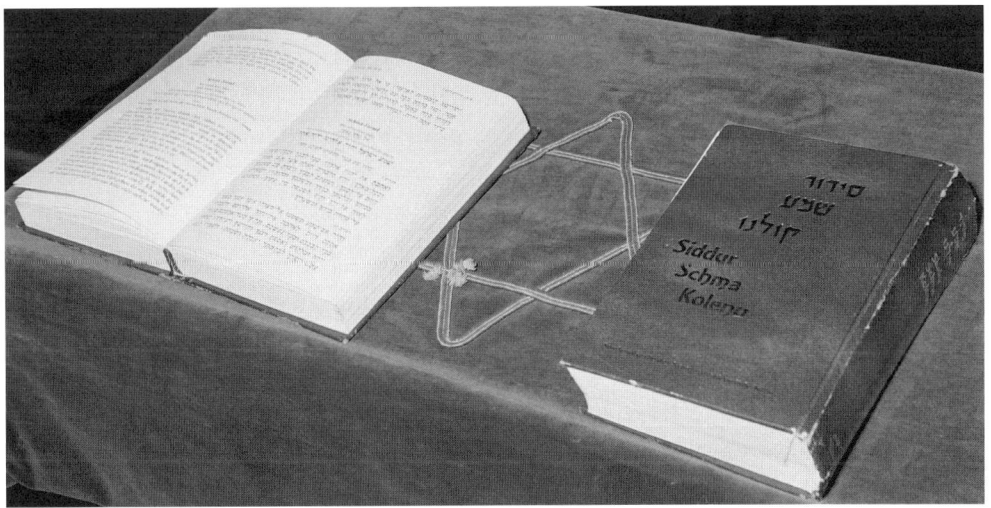

Siddur

Im traditionellen jüdischen Gottesdienst gibt es keine Predigt, sondern im Anschluss an einen Schabbat-Gottesdienst findet ein *Schiur* (= Unterricht) statt. Wer sich zum Thora-Abschnitt oder zur zweiten Lesung des Tages vorbereitet hat, kann hierzu einen Beitrag leisten. In der Reformbewegung wurde der (christliche) Brauch einer Predigt als Element des Gottesdienstes übernommen.

Die Atmosphäre in einem jüdischen Gottesdienst unterscheidet sich durchaus von der in einem christlichen Gottesdienst. Da ein (orthodoxer) Schabbat-Morgengottesdienst etwa zwei bis drei Stunden dauern kann, erscheinen nicht alle Besucherinnen und Besucher pünktlich zu Beginn des Gottesdienstes. Während des Gottesdienstes unterhalten sich die Besucherinnen und Besucher und wechseln hin und wieder ihre Plätze. Ein Jude beschreibt das folgendermaßen:

> *»In der Synagoge empfängt einen der Lärm von Gebet und Geschwätz. Der Geist der Außenwelt strömt in den heiligen Ort und es scheint überhaupt kein heiliger Ort zu sein. Der verworrene Lärm der Synagoge hat seine eigene Größe. Er bezeugt eine heilige Einheit des äußeren und inneren Geschehens. Geschwätz in der Synagoge setzt Gebet auf dem Marktplatz voraus. Ebenso dringt die Kenntnis Gottes hinaus in die Einzelheiten des täglichen Lebens.«* (Trutwin, S. 83)

In der Reformbewegung dauert ein Schabbat-Morgengottesdienst, ähnlich einem christlichen Gottesdienst, nur eine Stunde. Die zeitliche Differenz entsteht vor allem dadurch, dass in der Reformbewegung alle Wiederholungen von Gebeten gestrichen worden sind, sodass jedes Gebet nur einmal vorkommt. Der Thora-Abschnitt wird nur auszugsweise vorgelesen und dies zum größeren Teil in der Landessprache und nur die ersten Verse auf Hebräisch.

Religiöses Leben in der Familie

In der Synagoge findet nur ein kleiner Teil des jüdischen religiösen Lebens und Kultes statt. Einen großen Stellenwert hat das gemeinsame Feiern und Beten in der Familie. So wird beispielsweise der Schabbat am Freitagabend liturgisch und rituell in der Familie eingeleitet. Auch das tägliche Gebet und, bei den orthodoxen jüdischen Familien, das koschere Essen sind ein wichtiger Bestandteil der gelebten Frömmigkeit, die nicht so sehr an die Synagoge, sondern vor allem an die Familie gebunden ist.

Beschneidung

Die Beschneidung eines neugeborenen jüdischen Jungen findet am achten Tag seines Lebens statt. Sie nimmt ihn in den Bund mit Abraham auf. Die Beschneidung wird von professionellen Beschneidern (*Mohel*) vorgenommen und in einem großen Familienfest gefeiert, das in der Synagoge stattfindet. Manchmal finden die Beschneidung und die Feierlichkeiten auch zu Hause statt.

Hochzeit

Auch die Hochzeit wird nicht unbedingt in der Synagoge gefeiert, sondern findet meistens zu Hause oder in einem gemieteten Saal statt. Die Trauung muss nicht von einem Rabbiner vollzogen werden, sondern lediglich von zwei jüdischen Zeugen schriftlich bestätigt werden. Meistens wird sie allerdings von einem Rabbiner vorgenommen.

Spezielle Bräuche wie das Zerstampfen eines Glases mit dem Fuß (durch den Bräutigam) oder das Umhertragen des Brautpaares auf Stühlen begleiten ein ausgelassenes Fest.

Christentum

Gemeinsamkeiten

Der Gottesdienst begleitet den Menschen – im Idealfall – in allen Phasen seines Lebens. An bedeutsamen Punkten finden besondere Gottesdienste und Feierlichkeiten statt. So wird das Kind nach der Geburt getauft, zu Beginn des Jugendalters geht es zur Kommunion und wird gefirmt bzw. konfirmiert; die Trauung wird in einem Gottesdienst gefeiert und schließlich kann in der Kirche auch die Beerdigungsfeier stattfinden.

Im Kirchenjahr gibt es eine Reihe wiederkehrender Feste, an denen in festlichen Gottesdiensten die Heilsgeschichte gefeiert wird. Zentrales Fest ist Ostern, die Feier von Tod und Auferstehung Jesu (wobei der Termin in Ost- und Westkirche unterschiedlich bestimmt wird).

Gebet

Das Vaterunser ist das Gebet, das Jesus selbst seine Jünger gelehrt hat. Es ist das Gebet, das alle Christen sprechen und miteinander verbindet. Es gehört zu jedem Gottesdienst. In sieben an Gott gerichteten Bitten wird das Wesentliche des Lebens und des Miteinanderlebens ausgesprochen.

Das Vaterunser

Vater unser im Himmel,
geheiligt werde dein Name.
Dein Reich komme.
Dein Wille geschehe,
wie im Himmel, so auf Erden.
Unser tägliches Brot gib uns heute.
Und vergib uns unsere Schuld,
wie auch wir vergeben unseren Schuldigern.
Und führe uns nicht in Versuchung,
sondern erlöse uns von dem Bösen.
Denn dein ist das Reich und die Kraft und die Herrlichkeit
in Ewigkeit. Amen.

Bekenntnis des Glaubens (Credo)

Das nachfolgende Apostolische Glaubensbekenntnis geht auf die Frühzeit der Kirche zurück. Seit Anfang des 5. Jahrhunderts ist es in seiner jetzigen Form schriftlich belegt. Als Taufbekenntnis verbindet es die Kirchen. Es wird in der weltweiten Gemeinschaft der Christen gesprochen. Noch älter, von 381, aber im Westen nicht so gebräuchlich, ist das »Große Glaubensbekenntnis« des Konzils von Nizäa-Konstantinopel, das uns besonders mit den orthodoxen Christen verbindet.

Das Apostolische Glaubensbekenntnis

Ich glaube an Gott,
den Vater, den Allmächtigen,
den Schöpfer des Himmels und der Erde.
Und an Jesus Christus,
seinen eingeborenen Sohn, unseren Herrn,
empfangen durch den heiligen Geist,
geboren von der Jungfrau Maria,
gelitten unter Pontius Pilatus,
gekreuzigt, gestorben und begraben,
hinabgestiegen in das Reich des Todes,
am dritten Tage auferstanden von den Toten,
aufgefahren in den Himmel;
er sitzt zur Rechten Gottes,
des allmächtigen Vaters;
von dort wird er kommen,
zu richten die Lebenden und die Toten.
Ich glaube an den Heiligen Geist,
die heilige christliche (katholische) Kirche,
Gemeinschaft der Heiligen,
Vergebung der Sünden,
Auferstehung der Toten
und das ewige Leben.
Amen.

Taufe

Zumeist werden heute Kinder getauft, aber zu Beginn des Christentums fand die Taufe überwiegend im Erwachsenenalter statt. In der Taufe sagt Gott dem Mensch zu: »Du bist mein geliebtes Kind.« Bei der Taufe werden dem Täufling ein Taufspruch und der Segen Gottes zugesprochen und er wird so in die Kirche aufgenommen. Zu jeder Taufe wird das Wort Jesu aus Matthäus 28,18–20 gesprochen:

Taufbecken

Matthäus 28,18–20: »Mir ist alle Macht im Himmel und auf Erden gegeben.
Darum geht hin und macht alle Menschen zu meinen Freunden (Jüngern).
Tauft sie auf den Namen des Vaters und des Sohnes und des heiligen Geistes
und lehrt sie halten all das, was ich euch anvertraut habe.
Und siehe, ich bin bei euch alle Tage bis an das Ende der Welt.«

Abendmahl – Messfeier – Eucharistie

Die Feier des Abendmahls hat ihren zentralen Platz in den christlichen Gottesdiensten. Sie umfasst eine Reihe inhaltlicher Aspekte, wie Dank und Freude, Vergebung und Stärkung des Neuanfangs, Freiheit und auch Sättigung und Gerechtigkeit (besonders in armen Gemeinden), Freundschaft und Gemeinschaft mit Gott und den Menschen.

Alle drei Konfessionen haben jedoch ein jeweils eigenes und ausgeprägtes Abendmahlsverständnis und pflegen unterschiedliche Riten der Feier. Bei jeder Eucharistiefeier werden die Worte Jesu beim letzten Abendmahl gesprochen:

*»Unser Herr Jesus Christus, in der Nacht, da er verraten ward, nahm er
das Brot, dankte und brach es und gab es seinen Jüngern und sprach:
Nehmet hin und esset: Das ist mein Leib, der für euch gegeben wird.
Solches tut zu meinem Gedächtnis.
Desgleichen nahm er den Kelch nach dem Abendmahl, dankte
und gab ihnen den und sprach:
Nehmet hin und trinket alle daraus: Das ist mein Blut des neuen Bundes,
das für euch vergossen wird zur Vergebung der Sünden. Solches tut,
sooft ihr es trinket, zu meinem Gedächtnis.«*

Abendmahlsgerät

Gottesdienste an den Schwellen des Lebens

Auch zu persönlichen Veränderungen (z.B. bei der Einschulung) kann ein Gottesdienst gefeiert werden und die Menschen daran erinnern, dass Gott sie in allen Phasen des Lebens begleitet.

Trauung

Gottesdienste zur Hochzeit sind oft sehr persönlich und feierlich gestaltet. Sie möchten den heiratenden Menschen Gottes Segen und Kraft für ihre Beziehung zusagen.

Beerdigung

Auch der Abschied kann im Gottesdienst in der Kirche geschehen. Oft genug weicht man heute auf einen kirchenähnlichen Raum am Friedhof aus. Ursprünglich war es Sitte, da wo Menschen getauft wurden, auch den Abschied wahrzunehmen. So konnte sich der Lebenskreislauf schließen. Der Gottesdienst begleitet also die Menschen durch ihr ganzes Leben.

Kollekte / Klingelbeutel / Opferstock

Zum christlichen Gottesdienst gehört auch das Opfer. Das Opfer ist ein selbstloses Geschenk des Gläubigen an Gott, das einem guten Zweck dient. In katholischen Gottesdiensten findet die Kollekte (= Sammlung) zur Gabenbereitung, wenn Brot und Wein zum Altar gebracht werden, statt, evangelischerseits meist am Ende des Gottesdienstes. In manchen evangelischen Gemeinden gibt es noch eine zusätzliche Klingelbeutelkollekte, die für konkrete diakonische (soziale) Aufgaben der Ortsgemeinde verwendet wird.

In vielen Kirchen steht außerdem ein fester Opferstock. Das dort gesammelte Geld dient üblicherweise dem Erhalt der Kirche.

Orthodoxe Besonderheiten: Die Mysterien

Die Kirche »will helfen, den gesamten Ablauf der Zeit als Gottes Zeit zu heiligen und das Leben in all seinen Bezügen zu Gott zu gestalten« (Doxologie, S. 66 f.). So prägen Gottesdienste und Gebete den Verlauf des Jahres und des Tages sowie das Leben eines jeden Gläubigen.

Dabei haben die Mysterien, wie die Sakramente in der orthodoxen Kirche genannt werden, eine zentrale Rolle. Normalerweise werden sieben Mysterien genannt (Taufe, Myronsalbung, Eucharistie, Beichte, Krankensalbung, Trauung, Weihe), doch ist die Festlegung auf die Siebenerzahl eine spätere theologische Entwicklung. Sowohl bei manchen der Kirchenväter wie auch bei einigen heutigen Theologen kann man eine weitere Fassung des Begriffs Mysterion finden, und so zählen diese auch die Wasserweihe, die Kirchweihe, die Mönchsweihe oder die Bestattung zu den Mysterien.

Taufe und Myronsalbung

Mit der Taufe wird ein Mensch in die Gemeinschaft der Kirche, den Leib Christi, aufgenommen. In der orthodoxen Kirche werden sowohl Kinder wie auch Erwachsene getauft. Der Täufling bzw. der Pate oder die Patin verkündet vor der Gemeinde, dass er oder sie dem Satan absagt und sich Christus anschließt und bekennt seinen christlichen Glauben, indem er oder sie laut das Glaubensbekenntnis spricht. Die Taufe geschieht in der Regel durch dreimaliges Untertauchen des Täuflings; wo aber ein großes Taufbecken für Erwachsene nicht vorhanden ist, wird das Untertauchen durch Übergießen ersetzt. Dies versinnbildlicht, dass der Getaufte der Sünde und der Welt stirbt, aber mit Christus wieder aufersteht.

In der orthodoxen Tradition folgt unmittelbar auf die Taufe die Salbung des Getauften mit Myron (Salböl). Mit der Myronsalbung, die der abendländischen Firmung entspricht, werden dem Getauften die Gaben des Heiligen Geistes vermittelt, so wie Christus vor seiner Himmelfahrt den Aposteln zugesagt hat: »Johannes hat mit Wasser getauft, ihr aber werdet mit Heiligem Geist getauft werden ... Ihr werdet Kraft empfangen, wenn der Heilige Geist über euch kommt, und ihr werdet meine Zeugen sein in Jerusalem und in ganz Judäa und Samaria und bis ans Ende der Erde« (Apostelgeschichte 1,5.8). Nach dem Empfang von Taufe und Myronsalbung darf der Gläubige, egal ob es sich um einen Erwachsenen oder einen Säugling handelt, die Eucharistie, das hl. Abendmahl, empfangen.

Eucharistie / Hl. Abendmahl

Die Göttliche Liturgie, wie der zentrale (sonn- und festtägliche) Gottesdienst der orthodoxen Kirche genannt wird, ist ein eucharistischer Gottesdienst, d.h. er ist verknüpft mit der Feier des hl. Abendmahls. Im Verständnis der orthodoxen Kirche ist Christus in den Gaben von Brot und Wein real gegenwärtig. Der Empfang der Eucharistie geschieht in Ehrfurcht vor der Begegnung mit dem Heiligen, und jeder Gläubige, der die Eucharistie empfängt, bereitet sich entsprechend durch Gebet, Fasten und zumeist auch Beichte darauf vor. In der orthodoxen Tradition wird den Gläubigen die Eucharistie mit einem Löffel aus dem Kelch gereicht, in dem Brot und Wein vermischt sind. Die Reste der Eucharistie werden anschließend von Priester oder Diakon verzehrt. Interkommunion findet nicht statt, d.h. es können nur orthodoxe Christen die Eucharistie empfangen. Die orthodoxe Kirche verwendet gesäuertes Weizenbrot als eucharistisches Brot. Die Reste des Brotlaibs, aus dem ein Stück für die Eucharistie herausgeschnitten wurde, werden am Ende des Gottesdienstes als gesegnetes Brot (*Antidoron*) an die Gemeinde und auch an die nicht-orthodoxen Gäste ausgeteilt; das Antidoron ist nicht mit der Eucharistie zu verwechseln.

Beichte

Die Beichte der begangenen Sünden, die dem Gläubigen auf dem Gewissen lasten, erfolgt vor einem Priester, doch das Sündenbekenntnis geschieht vor Gott selbst, der Priester ist sozusagen Zeuge der Reue. Der eigentlich Handelnde bei der Lossprechung von den Sünden ist Gott selbst, deshalb ist das Gebet des Priesters zur Lossprechung in fürbittendem

Stil gehalten. Im orthodoxen Verständnis hat die Beichte einen therapeutischen Charakter, d.h. sie dient der Heilung der Seele des Gläubigen.

Krankensalbung

Das Mysterion der Krankensalbung geschieht zur Heilung und Gesundung von Seele und Körper. Es wird allen Getauften gewährt, nicht nur den leiblich Kranken, sondern auch den körperlich Gesunden, denn auch sie bedürfen der Heilung ihrer Seelen. Dabei salbt der Priester kreuzförmig Stirn, Nase, Wangen, Mund, Brust und Hände des Gläubigen. In vielen Gemeinden wird dieser Gottesdienst in der Fastenzeit, meist am Mittwoch der Karwoche, für die, die es wünschen, vollzogen.

Trauung

Vor der Trauung findet eine Verlobungsfeier statt, bei der Braut und Bräutigam die Ringe tauschen. Die Trauung wird in der orthodoxen Kirche »Krönung« genannt, denn Braut und Bräutigam tragen im Traugottesdienst Kronen (bzw. Kränze). Der Priester bittet Gott dreimal: »Herr, unser Gott, mit Herrlichkeit und Ehre kröne sie.« Diese Segnung reflektiert den Segen Gottes für das erste Menschenpaar im Paradies sowie die Hoffnung auf die Vollendung des Menschengeschlechtes am Ende der Zeiten. Dreimal trinken Braut und Bräutigam Wein aus einem gemeinsamen Kelch. Und dreimal schreitet das Brautpaar, geführt vom Priester, um das Ikonenpult in der Mitte der Kirche herum, wobei ihre rechten Hände verbunden sind; dies wird auch »Tanz des Jesaja« genannt (da währenddessen ein Gesang gesungen wird, der mit den Worten »Jesaja, tanze« beginnt) und symbolisiert das gemeinsame Gehen auf dem künftigen gemeinsamen Lebensweg.

Weihe

Im Mysterion der Weihe wird auf den Kandidaten durch Gebet und Handauflegung (griech.: Cheirotonie) der besondere Beistand des Heiligen Geistes herabgerufen. Die orthodoxe Kirche kennt drei Weihegrade: Diakon, Priester und Bischof. Die Weihe findet während der Göttlichen Liturgie durch den Bischof statt. Der Ritus ist sehr schlicht; neben Gebet und Handauflegung wird der Geweihte mit den gottesdienstlichen Gewändern eingekleidet. Die Gemeinde gibt ihre Zustimmung zur Weihe, indem sie zustimmend mit »Axios! (Er ist würdig!)« antwortet. Ein Theologiestudium ist in der orthodoxen Kirche zwar weitgehend üblich, aber keine unbedingte Voraussetzung zum Empfang der Priesterweihe. Diakon und Priester können in der orthodoxen Kirche sowohl verheiratete wie unverheiratete Männer sein, doch ist eine Eheschließung nach der Weihe nicht mehr möglich; Bischöfe sind dagegen immer unverheiratete Mönche.

Beerdigung

Wo dies möglich ist, findet der Gottesdienst in der Gemeindekirche, sonst in der sog. Trauerhalle auf dem Friedhof statt. Es ist Tradition in der orthodoxen Kirche, dass der Sarg, wenn keine besonderen Umstände vorliegen, während dieses Gottesdienstes offen ist, sodass die Gemeindeglieder dem oder der Verstorbenen einen letzten Kuss zum Abschied geben können. Normalerweise handelt es sich bei orthodoxen Beerdigungen um Erdbestattungen; nur wo staatliche Gesetze dies verlangen, wird man auch Kremationen, also Einäscherung des Leichnams, finden.

Katholische Besonderheiten: Die sieben Sakramente

Die katholische Kirche kennt sieben Sakramente als Heilszeichen Gottes: Taufe, Firmung, Eucharistie, Buße, Krankensalbung, Weiheamt, Ehe.

Eucharistie und Kommunion

Höhepunkt und Zentrum des christlichen Lebens ist die Eucharistie, die von der Kirche unter Danksagung (griech. = eucharistia) begangene Mahlfeier zum Gedächtnis des Herrn, häufig einfach »Messe« genannt und normalerweise mit einem Wortgottesdienst verknüpft.

Für die katholische Kirche bedeutet die Eucharistie höchste und dichteste Vergegenwärtigung Jesu Christi. Der Empfang der eucharistischen Gaben, die Kommunion, ist wichtiger Bestandteil des sonntäglichen Gottesdienstes. Den Gläubigen wird dabei meist nur das Brot – in Form einer Hostie – gereicht. Nur bei besonderen Anlässen bekommen auch alle den Kelch mit Wein dargeboten. Die erste Kommunion eines Gläubigen (meist Kinder in der 3. Klasse) wird besonders gefeiert. Auf diese Feier bereitet ein mehrmonatiger Unterricht vor.

Firmung

Das Firmsakrament muss im engen Zusammenhang mit dem Taufsakrament gesehen werden. In der Firmung geschieht die *confirmatio*, d.h. die Stärkung. Sie stellt das Mündigwerden des (katholischen) Christen dar. Mit der Firmung, bei der durch die Handauflegung des Bischofs die Gaben des Geistes auf die Firmlinge herabgerufen werden, werden die Firmbewerber gestärkt, für ihren christlichen Glauben einzustehen.

Bußsakrament

Im Barock entstanden die bis heute in vielen Kirchen zu findenden dreiteiligen und überdachten Beichtstühle. Allerdings ist die Bedeutung der Beichte im praktischen Leben der Gläubigen zurückgegangen. Lieber wird heute das persönliche Gespräch in einem eigenen Beichtzimmer gewählt. Am Ende des Beichtgesprächs, in dem der Gläubige seine Sünden bekannt, bereut und sich zur Buße verpflichtet hat, erfolgt die Lossprechung (Absolution) durch den Priester, der einer Schweigepflicht unterliegt (Beichtgeheimnis).

Protestantische Besonderheiten

Abendmahl

Die evangelischen Kirchen feiern zwei Sakramente: Taufe und Abendmahl. Die Bezeichnung »Abendmahl« für die christliche Mahlfeier erinnert nachdrücklich an das letzte Mahl Jesu mit seinen Jüngern. Der Streit um das Verständnis des Abendmahls gehört zu den großen Differenzen zwischen den reformatorischen Kirchen auf der einen und den Katholiken sowie den Orthodoxen auf der anderen Seite. In der evangelischen Kirche wird im Abendmahl die Gegenwart Christi in den Elementen Brot und Wein nicht leiblich, sondern geistig (lutherische Tradition) bzw. symbolisch (reformierte Tradition) vorgestellt. Je nach Gemeinde wird der Sünden vergebende, der für den Lebens- und Glaubensweg stärkende oder der gemeinschaftstiftende Aspekt stärker betont.

Je nach örtlichen und landeskirchlichen Gepflogenheiten gehört die Abendmahlsfeier nicht unbedingt zum regelmäßigen Sonntagsgottesdienst, sondern kann auch nur gelegentlich damit verbunden werden.

Konfirmation

Die Konfirmationszeit ist die Zeit der Information, der Erfahrung und der Auseinandersetzung mit dem christlichen Glauben. Traditionell ist es das Fest gewesen, das die Jugendlichen zum Abendmahl zugelassen hat und die Voraussetzung für das Patenamt war. Im evangelischen Bereich hat sich dies grundlegend verändert. In vielen Landeskirchen sind alle getauften Menschen zum Abendmahl zugelassen. Die Konfirmation soll heute die Phase sein, in der der junge Mensch auf seine Teilnahme als Gemeindeglied vorbereitet wird und seiner Taufe selbst zustimmt.

Bedeutung der Predigt

Die Heilige Schrift wird außerordentlich hoch geschätzt. Deshalb kommen der Schriftlesung und der die Bibel auslegenden Predigt im Gottesdienst zentrale Bedeutung zu. Der Prediger/die Predigerin nutzt dazu üblicherweise die Kanzel.

Islam

Das Beten der Muslime

Das rituelle Gebet (*salat*) wird fünfmal am Tag verrichtet. Die fünf Gebetszeiten – kurz vor Sonnenaufgang, am Mittag, am Nachmittag, bei Sonnenuntergang und am Abend – strukturieren den Tagesablauf. Das Gebet erfolgt nach einem genau vorgeschriebenen Ablauf: Der Ruf zum Gebet und rituelle Waschungen gehen ihm voraus. Das Gebet selbst besteht aus einer Rezitation von Versen aus den Koran-Suren und ritualisierten Bewegungen (Stehen, Beugen des Oberkörpers, Wiederaufrichten, Niederwerfen, Sitzen, nochmaliges Niederwerfen). Dieses Pflichtgebet wird durch das Bekenntnis zur Einzigkeit Gottes eingeleitet: »Ich bezeuge: Es gibt keinen Gott außer Allah. Ich bezeuge: Muhammad ist der Gesandte Allahs«. Dieses Bekenntnis ist wesentliches Identitätsmerkmal des Islam.

Imam beim Gebet

Kinder sind zum Vollzug des rituellen Gebets noch nicht verpflichtet, sie kennen es aber von ihren Eltern und von Besuchen in der Moschee. Manche werden mit ihren Eltern mitbeten und dabei die jeweiligen Übungen nachmachen.

Der »Gestus des Niederwerfens ... bringt die Bedeutung des Wortes Islam als Unterwerfung unter Gottes Willen augenfällig zum Ausdruck. Den Stellenwert der Niederwerfung kann man daran ablesen, dass es das Vergehen des Satans war, sich nicht niedergeworfen zu haben« (Lemmen, S. 21), wie es in Sure 2,34 heißt: »Da warfen sie (die Engel) sich nieder, außer Iblis (= Satan). Der weigerte sich und verhielt sich hochmütig, und er war einer der Ungläubigen.«

Das Ritualgebet kann an jedem reinen Ort: allein zu Hause wie am Arbeitsplatz oder in Gemeinschaft in der Moschee verrichtet werden. Hier wie dort ist die rituelle Reinheit Bedingung. Zu seiner Ausführung werden keine besonderen Gegenstände benötigt. Entscheidend ist die Fläche, auf der die Niederwerfung vollzogen wird. Denn nur der Boden, auf dem man betet, muss rituell rein und als Gebetsstelle gekennzeichnet sein. Seine Ausgrenzung aus dem profanen Bereich ist zwingend. Diese Aufgabe erfüllt der Gebetsteppich, aber auch eine Zeitung oder ein Tuch. Dieser Ort des Gebets wird gereinigt und ohne Schuhe betreten. Der Glaube an die reinigende Kraft des Pflichtgebets ist groß. Es wird einem Wasserstrom verglichen, der fünfmal täglich die Sünden des Menschen abwäscht.

Besondere Bedeutung kommt dabei dem **Freitagsgebet** zu: »Für die freien, erwachsenen, gesunden, männlichen Muslime ist es religiöse Pflicht, das Freitagsgebet zur Mittagszeit gemeinsam (in der Moschee) zu verrichten und die Freitagspredigt, die *chutba* (in der jeweiligen Landessprache) zu hören« (Lemmen, S. 22).

> *Die 62. Sure »Der Freitag« legt diese Pflicht im weitesten Sinne fest: »O ihr, die ihr glaubt, wenn am Freitag zum Gebet gerufen wird, dann eilt zum Gedenken Gottes zu und lasst das Kaufgeschäft ruhen« (Vers 9). So gilt das Freitagsgebet besonders heilbringend. Und: »Das Gebet der Gemeinschaft ist besser als das Gebet des Einzelnen, und zwar siebenundzwanzigmal besser« (Hadith des Propheten, s. Khoury, So sprach der Prophet, S. 159).*

Daneben gibt es das eher freie persönliche Bittgebet (*dua*), das zu jeder Zeit gebetet werden kann. Es kann alle denkbaren Formen und Inhalte an- und aufnehmen: vom »Stoßgebet« über das aus der religiösen Überlieferung genommene Gebet bis hin zum situativ formulierten Gebet. Mit ihm haben die Kinder im familiären Lebenskreis zuerst Berührung, sofern es die Eltern praktizieren, z.B. vor dem Schlafengehen oder bei Tisch.

Die aufgehängten **Gebetsketten** (*tesbi/shuba*) enthalten 99 oder 33 Perlen in Erinnerung an die 99 schönen Namen Allahs. Die Perlen sind aus rituell reinem Stoff (Holz, Mineralien, Elfenbein) gefertigt. Die Betenden nehmen die Gebetskette zur Hand, lassen ihre Finger von Perle zu Perle wandern und wiederholen dabei bestimmte Meditationsformeln wie *Subhanallah* (»Preis sei Gott«), *Alhamdulillah* (»Lob/Dank sei Gott«) und *Allahu akbar* (»Gott ist größer«). Nach jeweils 33 Perlen findet sich eine größere oder etwas anders geformte Perle, bei der die Glaubenden die erste Sure des Korans, die Fatiha, beten sollen.

Die erste Sure

Im Namen Gottes des allbarmherzigen Erbarmers.
Gelobt sei Gott, der Herr der Welten!
Der Allbarmherzige, der Erbarmer,
Der König des Gerichtstags.
Dir dienen wir, dich rufen wir um Hilf' an.
Führ uns den Weg, den graden!
Den Weg derjenigen, über die du gnadest,
Derer, auf die nicht wird gezürnt, und derer, die nicht irrgehn.

(Übersetzung: Friedrich Rückert)

Der Gebetsruf

Zum Gebet wird vom Minarett der Moschee gerufen. In lang gedehnten Kadenzen tönt der Ruf:

»Allah ist größer!
Ich bezeuge, dass es keinen Gott gibt außer Allah!
Ich bezeuge, dass Muhammad der Gesandte Allahs ist!
Kommt zum Gebet!
Kommt zum Heil!
Allah ist größer!
Es gibt keinen Gott außer Allah.«

Der Ruf gliedert den Ablauf eines Tages und der Woche und bekräftigt die Identität der jeweiligen Glaubensgemeinschaft. Als ritueller Ruf zum Gebet ist er Bestandteil des islamischen Pflichtgebets. Doch besteht keine zwingende Vorschrift, den Gebetsruf laut und vernehmlich von einem Minarett zu verkünden, sondern er kann – wie in Deutschland vielerorts üblich – auch im Innern der Moschee von einem Podest aus ausgerufen werden.

Die richtige Gebetszeit kann heutzutage auch einem Gebetszeiten-Kalender entnommen werden, der in Moscheen oder zu Hause aufgehängt wird und für jeden Tag sowie jede geographische Region die entsprechenden Zeitangaben für die täglichen Gebete enthält.

Das Rezitieren des Korans

Die Moschee ist allgemein ein Ort der Lehre, der Unterweisung und Rechtleitung (= Offenbarung des göttlichen Willens über Gut und Böse und seiner Gebote). Deshalb sollen in Moscheen nicht nur Gesetze, sondern auch Versammlungen und Vorträge abgehalten werden. Im Zentrum steht der Koran, der gelehrt und laut gelesen wird. Für ihn ist sein Rezitationscharakter wesentlich. Ja, im Rezitieren des Korans erfüllt der Gläubige die Pflicht der Gottesverehrung. Der Koran muss gesprochen werden. Die 96. Sure, in der Muslime gewöhnlich die erste Offenbarung Gottes sehen, beginnt mit der Aufforderung: »Rezitiere!« So empfing Muhammad den Text während der Offenbarung. Er las nicht, sondern sprach ihn nach.

Zu diesem Zweck werden Koranrezitationen besonders in der Moschee abgehalten, die den Gläubigen die Schönheit und tiefe Bedeutung dieser Offenbarung Gottes vor Augen führen sollen. Bei öffentlichen Koranlesungen verfolgen die Zuhörer in ihrem eigenen Koran die Lesung. Auch wenn der Koran überall gelesen werden darf und soll, hat er in der Moschee als Versammlungsstätte eine besondere Bedeutung. Er wird besonders im Ramadan rezitiert. Denn im Ramadan, in der »Nacht der Bestimmung« wurde die göttliche Offenbarung herabgesandt als Rechtleitung für den Menschen, als Führung Gottes, die den Menschen zwischen Gut und Böse unterscheiden lässt.

Nun antworten die Gläubigen auf die Offenbarung des göttlichen Willens mit dem rituellen dreißigtägigen Fasten und mit der Rezitation des Korans. So wird im Ramadan der gesamte Korantext, eingeteilt in dreißig festgelegte Abschnitte, nachts rezitiert. Auf diese Weise wird der Ewigkeit und Vollkommenheit des Korans gedacht.

Es gibt in Moscheen immer wieder Runden, die sich das Lesen des gesamten Korans zum Ziel setzen. Auch bei Versammlungen im Gedenken an Verstorbene wird der Koran für den Verstorbenen vollständig gelesen. Und wenn einzelne Personen den Koran zu Hause vollständig gelesen haben, veranstalten sie ein kleines Fest in der Moschee, laden zum Essen ein und beten für die Verstorbenen.

Der Koran als heiliges Buch der Offenbarung Gottes sollte immer oberhalb des Bauchnabels gehalten werden und niemals auf dem Boden liegen.

DAS KULTPERSONAL

Jede der drei Religionen bestimmt Personen, die die Gläubigen im Kultgebäude begleiten, die für den korrekten Ablauf der Riten verantwortlich sind, die als »Zeremonienmeister« und »Grenzgänger« zwischen Heiligem und Profanem vermitteln.

In der Synagoge

In Synagogen kann man folgenden Personen begegnen:

☐ dem *Baal Kore* (Vorbeter), der am Sabbat, an Festtagen, montags und donnerstags aus der Thora liest, weil viele Gemeindeglieder nicht (genug) hebräisch können. Mitunter übernimmt er auch das Vorsingen während des Gottesdienstes. Üblicherweise ist dies ein freiwilliger Posten, manchmal beschäftigt eine Gemeinde auch eine qualifizierte Person;

☐ dem *Chasan* (Kantor), der die Gebete im Gottesdienst singt, manchmal im Wechselgesang mit der Gemeinde. Auch dies kann ein Ehrenamtlicher übernehmen oder es wird ein Kantor beschäftigt, der bei Gottesdiensten, Hochzeiten und Begräbnissen singt und die Ausbildung der Kinder begleitet;

☐ dem *Rabbiner* (Lehrer): Dieser nennt die Seiten des Gebetbuchs, gibt den Segen (nur wenn er ein *Kohen* – ein Priester – ist). In liberalen Gemeinden hält er die Predigt. Hier gibt es auch Rabbinerinnen;

☐ dem *Schammes* (Diener der Synagoge), einer Art Hausmeister oder Küster, der die organisatorischen Aufgaben rund um den Gottesdienst wahrnimmt;

☐ dem *Gabbaj*, einem ehrenamtlichen, gewählten Komiteemitglied der Gemeinde, das für den richtigen und pünktlichen Ablauf der Gottesdienste verantwortlich ist und bei rituellen Angelegenheiten den Rabbiner kontaktiert.

In den Kirchen

In **orthodoxen Kirchen** finden wir in der Regel folgende Personen:

☐ *den Priester*, der im Auftrag des Bischofs die Gottesdienste in einer Gemeinde leitet. Nicht wenige orthodoxe Priester in Deutschland haben neben ihrem Amt einen Beruf, mit dem sie den Lebensunterhalt für sich und ihre Familien verdienen, wenn die Gemeinden ihnen kein ausreichendes Gehalt bezahlen können;

- ❏ *den Diakon*. Das Diakonat ist ein eigenständiges liturgisches, also gottesdienstliches Amt. Der Diakon unterstützt Priester und Bischof beim Gottesdienst;
- ❏ *den Lektor*, der bestimmte Lesungen im Gottesdienst übernimmt;
- ❏ *den Altardiener*. Altardiener sind meist Jungen, seltener erwachsene Männer, die dem Priester während des Gottesdienstes zur Hand gehen, indem sie sich um kleinere Aufgaben kümmern wie z.B. den Weihrauch entzünden und dem Priester das Weihrauchfass anreichen oder beim Einzug mit dem Evangelienbuch durch die Kirche brennende Kerzen vorantragen;
- ❏ *die Kirchensänger/innen* und die *Chorleitung*. Der Chor gehört zum orthodoxen Gottesdienst wesensgemäß dazu, denn er singt für die und mit der Gemeinde Teile des Gottesdienstes. Je nach Ausbildung der Sänger/innen und Chorleiter/innen variiert der Gesang zwischen einfachen Melodien und professionellem Gesang. In Deutschland gibt es nur ehrenamtliche Kirchenmusiker. Im orthodoxen Gottesdienst kommt nur die menschliche Stimme zum Einsatz, keine Musikinstrumente, auch keine Orgel;
- ❏ *den Gemeindevorstand*. In manchen Kirchen hat der Kirchenvorstand besondere Plätze in der Kirche. Er arbeitet mit dem Priester bei der Verwaltung und Organisation von Dingen, die die Gemeinde betreffen, zusammen;
- ❏ *den Küster*, der sich um das Kirchengebäude und alles, was damit zusammenhängt, kümmert;
- ❏ *Gemeindeglieder*, die sich um bestimmte andere Dinge kümmern: z.B. um den Verkauf der Kerzen, um die Reinigung der Kirche und der Kerzenständer oder um das Backen der Brote und Prosphoren für den Gottesdienst.

In **katholischen Kirchen** kann man folgenden Personen begegnen:

- ❏ *dem Priester*, der dem Gottesdienst vorsteht. Das Priesteramt wird vom Bischof durch die Weihe übertragen und ist mit der Verpflichtung zum zölibatären Leben verbunden. Den Priester, dem die Gemeindeleitung obliegt, nennt man *Pfarrer* (*Pastor*);
- ❏ *dem Diakon*, der den Priester bei der Liturgie und in der Seelsorge unterstützt und z.B. das Sakrament der Taufe spenden darf. Viele Diakone sind hauptberuflich, einige nebenberuflich tätig;
- ❏ *den Messdienern und Messdienerinnen* (*Ministrant/innen*), die bei liturgischen Feiern den Priestern und Diakonen assistieren;
- ❏ *dem Pastoralreferenten/der Pastoralreferentin* (*Gemeindereferent/ Gemeindereferentin*). Diese haben eine theologische Ausbildung, sind aber – anders als Priester oder Diakon – nicht geweiht. Sie sind fest angestellt und können in der Gemeinde und im Gottesdienst vielfältige Aufgaben übernehmen;
- ❏ *dem Kirchenmusiker/der Kirchenmusikerin*, die den Organistendienst versieht und Chöre und Musikgruppen leitet;
- ❏ *dem Lektor/der Lektorin*, der/die in den Gottesdiensten Lesungen vorträgt;
- ❏ *dem Kantor/der Kantorin*, der/die die Gesänge anleitet oder solistisch vorträgt;
- ❏ *dem Küster/der Küsterin*, der/die die Gerätschaften für die Gottesdienste vorbereitet und für die Ausstattung und Pflege der Kirche (Blumenschmuck etc.) verantwortlich ist;

- *Kommunionhelfer/innen*, die den Priester bei der Austeilung der Kommunion unterstützen;
- in manchen Kirchen *Kirchenschweizern*, die dafür sorgen, dass die Würde des Gotteshauses geachtet wird.

In den **evangelischen Kirchen** kann man folgenden Personen begegnen:

- *dem Pfarrer/der Pfarrerin (Pastor/in)*, der/die den Gottesdienst leitet. Er/sie ist fest angestellt. Es gibt aber auch ehrenamtliche *Lektor/innen* und *Preädikant/innen*, die einen Gottesdienst leiten können;
- *dem Küster/der Küsterin*, der/die für die Kirche verantwortlich ist und sie für den Gottesdienst vorbereitet;
- *dem Kirchenmusiker/der Kirchenmusikerin* oder *dem Kantor/der Kantorin* oder *dem Organisten/der Organistin*. Diese Berufsgruppen sind für die musikalische Gestaltung der Gottesdienste zuständig;
- *dem Kirchenvorstand (Presbyterium)*, der im evangelischen Raum oft eigene Plätze hat und im Gottesdienst mitwirkt. Kirchenvorsteher/innen und andere Personen beteiligen sich durch Einsammeln und Zählen der Kollekte oder durch die Lesung einer Bibelstelle oder die Mitwirkung am Abendmahl oder durch das Verlesen der Abkündigungen, also der Informationen aus der Gemeinde.

In der Moschee

In Moscheen kann man folgenden Personen begegnen:

- *dem Vorbeter (imam)*: Bei großen Moscheen sind es oft Personen, die von staatlichen Stellen ernannt sind und eine theologische und juristische Ausbildung vorweisen können. Ihre Bezahlung erfolgt aus staatlichen Mitteln. Oft sind sie auch »Leiter einer Gemeinde«. Der Imam hält auch die Freitagspredigt;
- *dem Lehrer (hoca)* oder *Mullah:, der die Menschen berät, die Kinder den Koran lehrt und die Jugendlichen unterweist;*
- *dem Muezzin (mu'adhdin)*, der die Gläubigen zum Gebet ruft. Sein Ruf ist ein besonderes Kunstwerk;
- *dem Prediger (khatib)*;
- weiteren Hilfskräften (*ratib*).

Imam

Literaturhinweise

Allgemein

Marc Gellman/Thomas Hartman, Wie buchstabiert man Gott? Die großen Fragen und die Antwort der Religionen, München 1998.

Synagoge

Ingrid Grill, Das Judentum. Zugänge – Herausforderungen – Gespräche, Göttingen 1992.
Leo Hirsch, Jüdische Glaubenswelt, Gütersloh 1962.
Nathan Peter Levinson/Frauke Büchner, 77 Fragen zwischen Juden und Christen, Göttingen 2001.
Johann Maier, Judentum von A bis Z – Glauben, Geschichte, Kultur, Freiburg 2001.
Johann Maier/Peter Schäfer, Kleines Lexikon des Judentums, Stuttgart ⁷1987.
Günter Mayer (Hrsg.), Das Judentum, Stuttgart 1994.
H. A. Meek, Die Synagoge, München 1996.
Kerry M. Olitzky/Ronald H. Isaacs, Kleines 1 x 1 jüdischen Lebens, Berlin 2001.
Walter Rothschild, 99 Fragen zum Judentum, Gütersloh 2001.
Leo Trepp, Der jüdische Gottesdienst. Gestalt und Entwicklung, Stuttgart 1992.
Werner Trutwin, Die Weltreligionen. Arbeitsbücher für die Sekundarstufe II. Religion – Philosophie – Ethik. Judentum, Düsseldorf 1998.

Kirche

Kenneth C. Davis, Was dachte sich Gott, als er den Menschen erschuf? – Alles, was Sie über die Bibel wissen sollten, aber nie erfahren haben. Ort? Jahr?
Roland Degen/Inge Hansen, Lernort Kirchenraum, Münster 1998.
Margarete Luise Goecke-Seischab/Jörg Ohlemacher, Kirchen erkunden – Kirchen entdecken. Ein Handbuch, Kevelaer 1998.
Margarete Luise Goecke-Seischab/Frieder Harz, Komm, wir entdecken eine Kirche, München 2001.
Christiane-B. Julius, Tessen von Kameke u a., Der Religion Raum geben, Loccum 1999.
Ida Lamp/Thomas Meurer, Bibel (Reihe: Basiswissen), Gütersloh 2002.
Georg Schwikart, Christentum (Reihe: Basiswissen), Gütersloh ²2004.
Brian Wilson, Christentum, Freiburg i. Br. 2000.

Katholisch

Gotteslob, Katholisches Gebet- und Gesangbuch in den Ausgaben der Diözesen.

Protestantisch

Evangelisches Gesangbuch in den verschiedenen landeskirchlichen Ausgaben.

Orthodox

Athanasios Basdekis, Die orthodoxe Kirche. Eine Handreichung für nicht-orthodoxe und orthodoxe Christen und Kirchen, Frankfurt 2001.
Die Göttliche Liturgie der Orthodoxen Kirche. Deutsch – Griechisch – Kirchenslawisch. Herausgegeben und erläutert von Anastasios Kallis (Doxologie – Gebetstexte der Orthodoxen Kirche, Bd. IV), Münster ⁴2000.
Anastasios Kallis, Das hätte ich gerne gewusst – 100 Fragen an einen orthodoxen Theologen (Orthodoxe Perspektiven, Bd. 3), Münster 2003.

Doxologie. Eine Handreichung zum orthodoxen liturgischen Leben (Schriftenreihe zur Lehrerfort- und -weiterbildung der Bezirksregierung Münster, Heft 3, 1992), Münster 1992.

Reinhard Thöle (Hrsg.), Zugänge zur Orthodoxie (Bensheimer Heft Nr. 68), 3., neubearb. Aufl., Göttingen 1998.

Moschee

Zeynep Aygen, Interreligiöse Raumnutzungen im islamischen Kulturbereich, in: Kunst und Kirche 2/2000, S. 83–87.

Stefano Bianca, Hofhaus und Paradiesgarten. Achritektur und Lebensformen in der islamischen Welt, München 2001.

Martin Frisham/Hasan-Uddin Khan, Die Moscheen der Welt, Köln 2002.

Adel Theodor Khoury (Hrsg.), So sprach der Prophet. Worte aus der islamischen Überlieferung, Gütersloh 1988.

Claus Leggewie/Angela Joost/Stefan Rech, Der Weg zur Moschee: Eine Handreichung für die Praxis, Bad Homburg v.d.H. 2002.

Thomas Lemmen, Islamische Vereine und Verbände in Deutschland, Bonn 2002.

Ali-Özgür Özdil, Wenn sich die Moscheen öffnen. Moscheepädagogik in Deutschland – Eine praktische Einführung in den Islam, Münster 2002.

Teil 3

SYNAGOGE – KIRCHE – MOSCHEE ENTDECKEN

Ideen zum Erleben eines Lern- und Lebensraumes

REGELN UND TIPPS FÜR DIE ERKUNDUNG

Zur direkten Begegnung mit dem sakralen Raum bietet dieses Kapitel zwei Möglichkeiten an. Sie können sich entweder mit den praktischen Erkundungsanregungen auf den Weg machen oder mit dem Fragenkatalog am Ende dieses Kapitels (S. 125 f.). Vielleicht probieren Sie auch beide Wege aus. Die Fragen sind eher gedacht für den einzelnen Besucher oder den Verantwortlichen, der sich für eine Gruppe (vorher) mit dem Raum vertraut machen will. Die praktischen Anregungen sind in erster Linie für eine (kleine) Gruppe gedacht.

Lernorte und Lebensräume können auf verschiedene Art und Weise und auf verschiedenen Wegen entdeckt werden. Wir beschreiben eine Reihe von Bausteinen, mit denen kleine und große Leute sich ihren eigenen »Erkundungsfahrplan« zusammenstellen können. Wählen Sie aus diesen Anregungen bitte nur einige wenige aus und lassen Sie sich für die Erkundung ruhig Zeit. Weniger ist nicht nur mehr, sondern lässt uns auch die wichtigen kleinen Dinge entdecken. Wenn einmal die Neugier geweckt ist, dann geschieht die Entdeckungsreise fast von selbst. Für die Erkundungsreise haben sich folgende Schritte bewährt:

Informelle oder spontane Erkundung

Geben Sie zunächst Zeit, den Raum spontan zu entdecken. Folgen Sie keinem Plan, sondern gehen Sie einfach Ihren intuitiven Neigungen nach.

Emotionale Erkundung

Suchen Sie Orte im Raum auf, die Sie ansprechen. Nicht das Wissen und Wissenwollen stehen im Vordergrund, sondern der Lernort wird emotional erlebt und erkundet.

Intellektuelle Erkundung

Der Raum wird intellektuell er- und verarbeitet. Wissensaneignung und Wissenserkundung stehen erst jetzt im Vordergrund und sind (fast) immer mit emotionalem Lernen verbunden.

Integrative Erkundung

Informelles/spontanes, emotionales und intellektuelles Lernen und Erfassen des Raumes verbinden sich. Dieser Schritt ist ganzheitlich und trägt die verschiedenen Aspekte des Erkundens zusammen. Integrative Erkundung ist der Idealfall und sollte bei jeder Erkundung zumindest der letzte Schritt sein.

Grundsätzliche Regeln für den Besuch einer Synagoge, einer Kirche, einer Moschee

1. *Sie werden überall gastfreundlich empfangen, manchmal ist dies überwältigend. Dies erging z.B. der Fotografin dieses Buches so. Seien Sie Gast und lassen Sie sich von dem Ungewohnten und Fremden überraschen. In den Synagogen und Moscheen arbeiten viele Menschen ehrenamtlich. Sie treten also mit diesen Menschen privat in Kontakt.*

2. *Melden Sie sich immer und rechtzeitig an. Treffen Sie klare und verbindliche Absprachen und sagen Sie gegebenenfalls rechtzeitig und begründet ab. Dies vermeidet Missverständnisse. Hinterlassen Sie immer Ihre Adresse/Telefonnummer und bestätigen Sie den Besuch am Vortag.*

3. *Stecken Sie den Zeitrahmen verbindlich ab.*

4. *Fragen Sie nach der für Männer, Frauen und Kinder angemessenen Kleidung und Kopfbedeckung. In den Moscheen werden z.B. immer die Schuhe ausgezogen. Teilen Sie dies den Eltern vorher als verbindlich mit, damit es nachher bei den Kindern nicht zu Irritationen kommt.*

5. *Das andere ist uns oft fremd. Fragen sind so lange erlaubt, wie sie vom Respekt gegenüber dem anderen und seinen Traditionen getragen werden. Interesse ist hilfreich, herumnörgeln verletzt den Gastgeber.*

6. *Meist sind ca. 25 Menschen – also eine Klassengröße – für eine Erkundung in Ordnung. Sprechen Sie die Besucherzahl zur Sicherheit an.*

7. *Männer- und Frauenrollen werden in der Synagoge und Moschee anders als im christlichen Bereich verstanden und gelebt. Akzeptieren Sie in den Räumen die jeweils geltenden Regeln. Sie machen sich diese dadurch nicht zu Eigen, sondern respektieren die Gastgeber.*

8. *Klären Sie, wo eine Pause für Essen und Trinken gemacht werden kann und fragen Sie rechtzeitig nach den Toiletten.*

9. *Für viele Menschen ist es eine Frage der Höflichkeit, andere bei den Erkundungen zu begleiten. Bitte erläutern Sie, dass Sie keine Führung möchten, sondern dass es sinnvoller ist, wenn ihre Gruppe erst eigene Erkundungen macht. Am Ende kann die Begleitperson Fragen beantworten.*

10. *Wenn Sie Kontakte zu Synagogen, Moscheen oder Kirchen durch andere Menschen herstellen, achten Sie darauf, dass diese Personen sich in keiner Richtung verpflichtet fühlen. Dies ist in der Praxis leichter gesagt, als getan.*

11. *Besichtigen Sie als Verantwortliche/r unbedingt vorher selbst die Räumlichkeiten.*

12. *Nicht alle Erkundungsvorschläge sind überall möglich oder gern gesehen. Sprechen Sie deshalb Ihre Planungen und Vorhaben im Vorfeld mit den Verantwortlichen der Synagoge, Kirche oder Moschee ab.*

Das Besucherbuch – mehr als eine Erinnerung

Es lohnt sich – auch für die eigene Gruppe – ein leeres Buch mitzunehmen und auszulegen. Die Besucherinnen und Besucher können hier spontan ihre Eindrücke notieren, malen und Texte dazuschreiben. Nachher kann das Buch mit Fotos bebildert werden.

DEN RAUM ERLEBEN

Wir bieten Ihnen in den folgenden Kapiteln vier Herangehensweisen an, wie man Räume erkunden kann. Wir schlagen Ihnen vor,

❒ den Raum handwerklich zu erleben,
❒ den Raum mit allen Sinnen zu erleben,
❒ den Raum als Raum der Stille zu erleben,
❒ den Raum als Erlebnis-, als Lebensraum zu erleben und Aktionen durchzuführen.

Wir haben jeden dieser vier Abschnitte nach einem einheitlichen Schema geordnet. Dabei haben wir die Kapitel jeweils altersspezifisch aufgebaut. Unsere Zuordnung ist variabel zu verstehen und erfolgte nach dem Kriterium »hauptsächlich geeignet für«. So entstand eine zweiteilige Kennzeichnung:

❒ *Für Kinder:* Diese Vorschläge eignen sich für ältere Kindergartenkinder und Kinder im Grundschulalter, sind aber durchaus auch für Jugendliche und Erwachsene. Differenzieren Sie hier bitte die Übungen nach Ihren Bedürfnissen und Ihrer Zielgruppe noch einmal.
❒ *Für Jugendliche und Erwachsene:* Jugendliche und Erwachsene haben wir zu einer Gruppe zusammengefasst, da nur ganz wenige Übungen für die eine oder andere Zielgruppe weniger geeignet sind.

Abschließend folgen im nächsten Kapitel noch einige Informationen über die Zahlensymbolik, verbunden mit Anregungen, diese Zahlensymbolik im Raum zu erkunden (S. 120).

Den Raum »handwerklich« erleben

Die Anregungen in diesem Abschnitt sind mehr aufgaben-, als erfahrungsorientiert. Für manche Besuchergruppen ist diese Aufgabenstellung ein guter Einstieg.

Für Kinder

Das Gebäude umschreiten

Um das Gebäude von außen kennen zu lernen, kann die Gruppe das Gebäude umschreiten. Sie kann die Schritte zählen oder die »Gänsefüßchen« (die Anzahl der eigenen Füße hintereinander gestellt).

Die Höhe des Turms bzw. des Minaretts schätzen und messen

Man kann die Höhe des Turms/Minaretts schätzen lassen. Die geschätzte Höhe wird aufgeschrieben. Im Schlussgespräch wird über die genaue Höhe informiert und verglichen.

Das Schätzen hat sich bei Erkundungen bewährt, da so bei vielen die Neugier geweckt wird, die Schätzung an der Wirklichkeit zu messen.

Die Höhe des Turms/Minaretts kann auch gemessen werden. Von oben geht dies gut mit einer beschwerten Drachenspannschnur. Von unten kann die Höhe mit einem gasgefüllten Luftballon gemessen werden: Den Luftballon an der Schnur bis etwa auf Turmhöhe steigen lassen, danach wird die Steigleine gemessen.

Die Fenster und Türen schätzen und zählen

Die Anzahl der Fenster und Türen wird von außen erst geschätzt und dann gezählt.

Den Innenraum abgehen und abmessen

Die Gruppe kann die architektonischen Besonderheiten entdecken, indem sie z.B.:

- ❐ Treppenstufen, Türen, Fenster und Bilder zählt.
- ❐ Säulen, Pfeiler, Bögen und Nischen erkundet und zählt.
- ❐ Mit Maßbändern (oder Schritten) die Länge und Breite des Raumes abmisst. Aufschreiben nicht vergessen.
- ❐ Die Höhe des Innenraumes durch einen gasgefüllten Luftballon ausmisst. Der Luftballon muss durch eine Schnur gut gesichert sein, da er schließlich nicht im Raum bleiben kann. Schwebt der Ballon langsam nach oben, ist schon der Anblick faszinierend.
- ❐ Sitz- und Stehplätze zählt.
- ❐ Besonderheiten des Innenraums sammelt und notiert.

Weitere Gebäudeteile entdecken

Oft gibt es weitere Gebäude, Gebäudeteile und Räume, z.B. Waschräume in Kellern der Moscheen oder koschere Restaurants im Synagogenkomplex. Diese Räume sollten besucht und notiert werden.

Den Turm besteigen

Türme – besonders bei Kirchen – können oft in kleinen Gruppen bestiegen werden. Diese Möglichkeit sollte unbedingt genutzt werden. Neben der sportlichen Leistung lohnt sich auch der Ausblick. Bei Glockentürmen sollten die Glocken auch einmal von oben gehört werden. Vorsicht: Das kann sehr laut werden!

Für Jugendliche und Erwachsene

Das Gebäude malen

Regen Sie an, das Gebäude von außen zu malen. Wenn möglich sollte mit Staffelei gearbeitet werden. Es kommt nicht auf das Können an, sondern auf die Aufmerksamkeit, die dadurch geweckt wird.

Den Grundriss zeichnen

Nach einer Erkundungsphase wird der Grundriss des Gebäudes gezeichnet. Diese Aufgabe ist schwer, da sie Abstraktionsvermögen verlangt. Gute Erfahrungen haben wir mit Zweiergruppen gemacht, die sich gemeinsam an dieser Aufgabe versuchen. Ein Maßband ist nicht wichtig. Es kommt nur auf das Gespür für das Grundmuster des Grundrisses an. Dies ist Herausforderung genug.

Die Himmelsrichtungen zuordnen

Mit dem Kompass kann die Himmelsrichtung der Gebäude und der Eingangstür bestimmt werden. Pfadfindergruppen üben dies ab der 3. Klasse. Aber es ist nicht einfach. Sie brauchen einen Kompass, einen vereinfachten Grundriss und den Eintrag des Standortes. Unbedingt erforderlich ist der Eintrag des Nordens.

Alu- und Goldfolienbilder/-reliefs herstellen

Wer den Raum erkundet hat, entdeckt sicherlich viele Details. Diese Details können in Gold- und Silberfolie (Alufolie) gedrückt werden. Dünnere Goldfolie und dickere Alufolie werden auf das entsprechende Detail gelegt. Mit den Fingern und der runden Rückseite eines Bleistiftes wird die Struktur vorsichtig »durchgedrückt«, sodass die Ornamente auf der Folie sichtbar werden. Auf Karton aufgeklebt können die »Eindrücke« mit nach Hause genommen werden.

Mit stärkerer Folie (ab 1–2 mm) können die Ornamente recht stabil erfasst und dann sogar mit Gips ausgegossen werden, wenn das Motiv nicht zu groß ist. Damit sie sich besser vom Gips löst, sollte die Folie vorher mit Öl eingestrichen werden.

Weiterführende Fragen:

❑ Wie sah der Blick vor 20 Jahren, vor 50 Jahren von hier aus?
❑ In welcher Zeit wurde das Gebäude gebaut? Welche Ereignisse kennzeichnen dieses Jahr?
❑ Was konnte man im Baujahr alles sehen und nicht sehen?
❑ Wie sah es hier (je nach Baujahr) nach dem Zweiten Weltkrieg aus? Fotos suchen! Und von oben schauen!
❑ Malen Sie einen Blick aus früherer Zeit!

Den Raum mit allen Sinnen erleben

Im folgenden Kapitel stehen die Sinne im Mittelpunkt der Erkundung. Es geht darum, den Raum mit allen Sinnen zu erkunden und zu erleben. Die religiösen Räume der drei großen monotheistischen Religionen werden sinnlich erschlossen. Dies ist ihrem Wesen durchaus angemessen, da sich das Geheimnis und Wesen der drei Religionen nicht primär kognitiv erschließt.

Hören

Für alle

Dem Klang lauschen

Wir lauschen dem Klang der Glocken / des Gebetsrufes. Das kann außerhalb und innerhalb des Gebäudes erfolgen. Der »herbeirufende" Charakter wird deutlicher, wenn man außerhalb des Gebäudes steht.

Religiöse Musik hören

Wir hören Musikinstrumente, z.B. die Orgel oder Gesänge der einzelnen Traditionen, in der jeweiligen »Muttersprache« und übersetzt.

Gebete und liturgische Texte hören

Diese können von einem oder von verschiedenen Orten gesprochen werden. Die Texte sollten in der je eigenen Tradition und Sprache gehört werden. Eine Übersetzung ist sinnvoll.

Texte, die in zwei oder drei Traditionen gemeinsam vorkommen, sollten auch miteinander gehört werden.

Den Namen des Gebäudes erforschen

Falls das Gebäude einen Namen hat, können Informationen oder Geschichten vorgelesen werden, die die Herkunft des Namens erläutern. Besonders eignen sich dafür Legenden des Namenspatrons oder der -patronin.

Tasten

Für Kinder

Blindenführung

Wir bilden Zweiergruppen und führen einander: Einer schließt die Augen und ist »blind«, der andere führt. Der Blinde ertastet dabei unterwegs zehn Gegenstände (z.B. Baustoffe, Wände, Türen oder Kultgegenstände). Danach wird gewechselt. Vor dem Wechsel werden die zehn Gegenstände noch einmal gemeinsam betrachtet.

Für Jugendliche und Erwachsene

Blinde Begehung des Innenraums

Eine andere Ausrichtung hat die Begehung des Innenraums durch eine »blinde« Führung. Wieder bilden wir Zweiergruppen und führen einander: Der Schwerpunkt liegt auf dem Erkunden des Innenraums. Die Füße sollen den Raum wahrnehmen und erspüren. So verändert sich die Raumwahrnehmung. Vor dem Wechsel tauschen sich die beiden Partner kurz über ihre Erfahrungen aus: Wo fühlte man sich unsicher, was war spannend, was habe ich gespürt ...?

Sich bewegen

Jede der drei Religionen kennt bestimmte Bewegungen und Gebärden, beispielsweise das Verbeugen im Raum. Bei den folgenden Vorschlägen lernen wir den Raum durch Bewegung aus unterschiedlicher Perspektive kennen. Gleichzeitig vertiefen wir uns in bestimmte religiöse Haltungen, spüren ihnen nach und lernen sie so kennen.

Für Kinder

Religiöse Grundhaltungen einnehmen

Wir nehmen den Raum aus unterschiedlicher Perspektive wahr, indem wir verschiedene (religiöse) Haltungen einnehmen, z.B.:

- ❏ Wir legen uns auf den Rücken und schauen nach oben.
- ❏ Wir legen uns auf den Bauch und schauen auf den Boden.
- ❏ Wir knien uns und setzen uns auf die Fersen (Fersensitz) und schauen in den Raum.
- ❏ Wir setzen uns auf den Boden und ertasten mit den Blicken den Raum.
- ❏ Diese Grundhaltungen sind bewegungsarm und erlauben mit relativ einfachen Veränderungen ganz unterschiedliche Raumerfahrungen. Es ist sinnvoll, die einzelnen Haltungen nacheinander einzunehmen und sich anschließend kurz mit einander auszutauschen.

Sich im Raum bewegen

Wir bewegen uns durch den Raum und probieren verschiedene Bewegungsarten aus:

- ❏ Vorwärts gehen und dabei den Raum erfassen.
- ❏ Im Pilgerschritt – zwei Schritte vor und einen Schritt zurück, fast schon ein Tanz – langsam den Raum durchschreiten.
- ❏ Rückwärts gehen und so im Weggehen eine neue Perspektive finden und den Raum mit dem Rücken erahnen.
- ❏ Kriechen. Es gab Kriech-Prozessionen (auf den Knien rutschend als Bußübung) in den unterschiedlichen Traditionen. Wer den Raum auf den Knien erkundet, sollte diese Haltung mit den anderen Haltungen (z.B. stehen) vergleichen.

Für Jugendliche und Erwachsene

Liturgischer Tanz

In sakralen Räumen wurde oft liturgischer Tanz gepflegt. Heute ist dies vielerorts wieder üblich, aber nicht überall erlaubt. Sie müssen deshalb vorher unbedingt erfragen, ob dies erwünscht und möglich ist. Der Tanz kann bereits vor der Erkundung in der Gruppe eingeübt werden. Vielleicht ist es auch möglich, dass Ihnen jemand vor Ort einen Tanz beibringt.

Riechen

Für alle

Gerüche zuordnen

Einen Raum durch das Riechen zu erkunden ist ungewohnt, obwohl jeder Raum und viele seiner Nischen einen eigenen Geruch haben. Die Gerüche des Raumes können wieder in einer »Blindenführung« erkundet werden. Derjenige, der die Augen geschlossen hat, soll fünf Gerüche erkennen bzw. bewusst wahrnehmen, z.B. Kerzen, Weihrauch, Wasser, Wände, Keller, frische und abgestandene Luft, Farben oder Kleidung.

Sehen

Das Sehen ist uns der vertrauteste Sinn, um die Umgebung zu entdecken. Gerade deshalb sehen wir oft nur oberflächlich hin. Neu(gierig) hinzusehen ist eine Einladung, kleine Dinge zu entdecken.

Für Kinder

Details entdecken

Entdecken Sie interessante und verspielte Details an Säulen, Tischen, Kacheln usw. und lassen Sie die Gruppe solche Dinge malen. An alten Kirchen findet man z.B. innen wie außen viele kleine Figuren, etwa Wasserspeier und Engel.

Verschiedene Blickwinkel einnehmen

Oft kennt man einen Ort nur aus einer Sicht – nämlich als Besuchender. Wie sieht der Ort von vorn, von oben, z.B. von der Kanzel, vom Ambo oder von der Empore aus? Laden Sie dazu ein, den Sehort, den Aussichtspunkt zu wechseln.

Mit einem Suchblatt unterwegs

Aus Fotos, Bildern u.Ä. mit Motiven des Raumes oder des Außengebäudes wird ein Suchblatt erstellt. Jede und jeder bekommt ein Blatt mit Motiven in die Hand und sucht das Original – allein oder mit anderen gemeinsam.

Gerade für Kinder kann das Blatt auch so gestaltet sein, dass es zum Ausmalen einlädt.

Für Jugendliche und Erwachsene

Unbekannte Dinge fotografieren

Sie können eine Fotoserie zur Synagoge, Kirche oder Moschee machen – die unbekannten und kleinen Dinge werden fotografiert und andere raten, suchen und entdecken, wo diese sind.

Schmecken

Schmecken ist gar nicht so ungewöhnlich, um Räume zu erkunden. In manchen Gebäuden wird »etwas« während des Gebetes oder des Gottesdienstes zu sich genommen.

Für alle

Die Luft schmecken

Überall kann man die Luft schmecken. Sie schmeckt muffig, frisch oder gar nicht.

An Mahltraditionen anknüpfen

In der Kirche können wir Brot und Trauben (im Anklang an das Abendmahl) miteinander essen. In der Synagoge können wir Manna (gibt es in der Apotheke) und ungesäuertes Brot kennen lernen. So verbindet sich Essen mit der kulturellen und religiösen Situation. Ein kundiger Begleiter kann hier mit einer kleinen Geschichte in die Tradition einführen.

Das Gebäude als »Raum der Stille« erleben

Für Kinder

Kalligraphien gestalten

Im Materialteil und in allen Synagogen und Moscheen und in vielen Kirchen finden Sie religiöse Texte aus allen drei Religionen. Wählen Sie einen Vers aus und verteilen Sie DIN-A3-Blätter und weiche Pastellkreide, z.B. Jaxon. Laden Sie ein, diesen Vers in Schönschrift (Kalligraphie) in der jeweiligen Sprache zu gestalten. Am Schluss wird aus den vielen Plakaten eine kleine Ausstellung. Ich nenne dies immer »unser Museum«. Es ist typisch für Kalligraphien, dass der Text mehrmals geschrieben und nur das jeweils ansprechendste Plakat aufgehoben wird.

Gebetshaltungen kennen lernen

In jeder der drei Religionen gibt es unterschiedliche und gemeinsame Gebetshaltungen. Wir sitzen auf einer Decke im Kreis und nehmen über eine längere Zeit die jeweilige Haltung ein. Wir spüren uns in die Haltung ein und reden dabei nicht.

Danach erfolgt ein Erfahrungsaustausch: Wie habe ich die Haltung erlebt? Was könnte der Sinn dieser Haltung sein? Was drückt die Haltung aus?

Folgende Haltungen sind möglich:

❑ Kniend auf den Fersen sitzen, die Hände liegen gefaltet im Schoß.

❑ Kniend auf den Fersen sitzen, die Hände werden über dem Kopf in eine offene »V«-Haltung gebracht, eine Verbeugung nach vorn kann sich anschließen.

❑ Eine Variante ist die Niederwerfung. Die Haltung ist wie vorher beschrieben, aber man beugt dabei den Oberkörper zur Erde und berührt mit beiden Händen den Boden. Nach einiger Zeit richtet man sich wieder auf.

❑ Eine weitere Variante ist die mehrmalige Niederwerfung hintereinander.

❑ Im Stehen werden die Hände über die Seite nach oben gestreckt und in der »V«-Haltung nach oben gehalten. In dieser Haltung wird einige Zeit verharrt. Abschluss: Die Hände langsam vor der Brust sinken lassen.

❑ Im Stehen die Arme leicht nach vorn oben öffnen (als ob man jemanden mit offenen Armen empfängt) und eine Weile innehalten. Abschluss wie oben.

❑ Im Stehen die Handflächen vor der Brust zueinander bringen und sich tief verbeugen.
   Im Stehen die Hände falten und stehen bleiben. Augen schließen.

❑ Im Liegen: Sich in ausgebreiteter Haltung auf den Boden legen und sich dem Boden anvertrauen; einmal wird dabei nach oben, einmal nach unten geschaut.

Eigene jüdische und muslimische Gebetshaltungen finden Sie auf den Arbeitsblättern im Anhang. Es ist aber gut zu überlegen, ob diese Haltungen »ausprobiert« werden oder ob es nicht bei den generellen Haltungen, die oben beschrieben sind, bleiben sollte.

Die Stille wahrnehmen

Jeder Raum hat seine eigene Stille und seinen eigenen Klang. Diese Wahrnehmung der Stille ist anstrengend, weil es ungewohnt ist und doch gleichzeitig spannend.

Wenn alle auf dem Fußboden sitzen können, ist dies hilfreich. Lassen Sie alle einen bequemen Platz suchen. Je größer der Abstand der Einzelnen voneinander ist, desto leichter ist es, die Stille auszuhalten.

Einige Anregungen dazu:

- ❐ Laden Sie die Gruppe ein, eine Minute zu schweigen und zu hören. Schlagen Sie zu Beginn und am Ende einen Gong, eine Klangschale oder eine Glocke an. Verlängern Sie die Zeit auf zwei Minuten.
- ❐ Die Übung ist wie vorher, aber die Anwesenden bekommen die Aufgabe sich alles zu merken, was sie hören. Unterscheiden können die Teilnehmenden auch: Was höre ich im Raum? Was höre ich von außerhalb des Raumes? Das Gehörte wird gemeinsam zusammengetragen.
- ❐ Im Raum werden an verschiedenen Stellen Klänge erzeugt. Die Gruppe schließt die Augen und benennt nachher den Klangkörper bzw. die Klangquelle. (Stimme, Orgel, Glocken verschiedener Art, Buch blättern, Geräte aufstellen ...)
- ❐ Die Gruppe wird zum »Schlaf« in den heiligen Hallen eingeladen. Sie hält »Schabbat« und tut fünf Minuten gar nichts. Wer will, kann sich dazu hinlegen.

Liturgische Musik hören und selbst probieren

Von einer CD kann in jedem Raum ein typisches Lied der jeweiligen Religion gehört werden.

- ❐ Jüdische Tradition: »Schabbat schalom« oder »Hewenu shalom alechem« (es gibt zahlreiche Musikbeispiele, fragen Sie vor Ort).
- ❐ Muslimische Tradition: Es gibt gesungene Koranrezitationen oder religiöse (türkische) Lieder (bitten Sie um Musik auf Kassette oder CD bei den Vorgesprächen; es gibt unseres Wissens keine gesprochene Koranrezitation auf CD).
- ❐ Christliche Tradition: Es gibt zahlreiche CDs zum »Evangelischen Gesangbuch« oder »Gotteslob« oder von den Liedern aus Taizé oder anderen modernen christlichen Liedern.
- ❐ Einfache Lieder können auch vorher selbst erprobt und vor Ort gesungen werden.

Den Segen erfahren

Zum Abschluss eines Besuches kann allen – erfahrbar – der Segen zugesprochen werden. Dazu sollte Ruhe und Stille einkehren und, wenn es möglich ist, ein Kreis gebildet werden.

Für Jugendliche und Erwachsene

Lieder klingen im Raum

Mit einfachen Kanons kann der Raum zum Klingen gebracht werden. Es lohnt sich zu experimentieren. Die unterschiedlichen Stimmen werden im Raum verteilt. Die Lieder sollten vorher eingeübt sein. Bitte singen Sie nur Lieder, die dem jeweiligen Ort angemessen sind.

Klangschalen-Konzert

Um den Raumklang wahrzunehmen, ist ein Klangschalen-Konzert wunderbar, alternativ eignen sich die Schlagwerke aus dem Orff'schen Instrumentarium, z.B. Xylophone.

Die Teilnehmenden bilden zwei Gruppen. Eine dieser Gruppen ist aktiv und umfasst ca. 5 bis 6 Personen. Diese teilen die Klangschalen/Schlagwerke untereinander auf. Die anderen setzen sich in den Raum und schließen die Augen. Die Instrumentalisten verteilen sich ganz leise und beginnen miteinander über die Klangschalen zu kommunizieren. Es ist wichtig, dass die Spieler aufeinander hören, wenn sie spielen. Es sollten nie mehr als 2 bis 3 Instrumente gleichzeitig erklingen.

Nach einer Zeit wird gewechselt und es bilden sich neue Gruppen.

Den eigenen Platz finden

Jeder Mensch hat die Neigung – wenn er/sie darf – sich im Raum den persönlichen Platz zu suchen. Die Teilnehmenden können dies in zwei Schritten tun:

❏ Sich im Schweigen einen Platz suchen und sich dort hinsetzen. Mehrere Menschen an einer Stelle sind erlaubt. Allerdings wird dies vorher nicht als Möglichkeit erwähnt.

❏ Sich im Schweigen und mit geschlossenen Augen den eigenen Platz suchen. Erst wenn alle ihren Platz gefunden haben, werden die Augen geöffnet und immer noch schweigend geschaut.

Danach kann ein Austausch erfolgen.

Ein kleines Ritual

Sie brauchen für alle Teilnehmenden je ein Teelicht oder eine kleine Kerze und einen Stein. (Beachten Sie, dass in Moscheen und manchen Kirchen Teppichboden liegt, sodass dort Wachsflecken schwierig zu entfernen sind. Bitte holen Sie sich unbedingt die Erlaubnis ein.)

Alle sitzen in einem Kreis. In der Mitte des Kreises steht eine brennende Kerze. Nacheinander bringen die einzelnen Gruppenmitglieder zuerst ihren Stein und dann die Kerze/das Teelicht zur Mitte.

Die Steine werden um die große brennende Kerze in der Mitte gelegt. Beim Ablegen antwortet jede/r kurz auf die Frage: »Was war heute hier ›steinig‹, anstrengend oder schwer?«

Danach bringt jede/r ihre/seine Kerze zur Mitte, zündet sie an der großen Kerze an und stellt sie auf. Dabei sagt er/sie kurz etwas auf die Frage: »Was hat mich heute hier gefreut?«

Auf diese Weise entsteht eine schön gestaltete Fläche, die das Erlebte vertieft und nachklingen lässt.

Der Raum als Erlebnisraum: Aktionen

Für Kinder

Den Raum mit der Stimme zum Klingen bringen

Die Gebäude laden zum Klingen und Tönen ein: Wir können dazu mit der Stimme den Raum zum Klingen bringen. Dazu sind nur ein wenig Mut und Aufeinander-Hören notwendig. Aus den verschiedenen Traditionen bieten sich folgende Worte zum Klingen an:

- Synagoge: Schalom (Frieden sei mit dir).
- Kirche: Amen (So soll es sein).
- Moschee: Allah oder Salem (Frieden).

Wichtig sind die Vokale in dem Wort, denn sie tragen den Klang. So klingt z.B. Schalom mit seinen weiten, langen Vokalen: *Schaaaaaaloooooommm* oder *Aaaameeeeenn* oder *Aaaallaaaah*. Die Leiterin oder der Leiter tönt das Wort vor und dann geben alle dem Wort ihren eigenen Klang und achten gleichzeitig darauf, dass es zusammenpasst. Dazu kann man umhergehen oder sich im Raum verteilen oder beieinander stehen. Frage: Wo klingt es am intensivsten?

Am Ende lohnt es sich, einen Augenblick absolut still zu sein.

Labyrinthe gehen

In manchen (Kirchen-)Räumen gibt es Labyrinthe (vgl. Chartres) oder man kann solche anlegen. Diese Labyrinthe wollen gegangen und damit erfahren werden. Entweder bereitet man die Labyrinthe mit einer kleinen Gruppe vor und geht sie anschließend oder man gestaltet sie gemeinsam.

Labyrinthe können kurzfristig mit folgenden Materialien im Raum gelegt werden:

- mit Seilen und Bändern,
- mit Wolle (punktuell mit Tesakrepp befestigen),
- mit Kreide,
- mit Kerzen (auf Teppichböden achten!),
- mit größeren Kieselsteinen (kein Split!),
- mit Naturmaterialien,
- mit Tesakrepp.

Das Labyrinth soll so groß sein, dass es nacheinander (im Abstand von etwa einer halben Minute) gegangen werden kann. Dabei ist es spannend, von außen nach innen und von innen nach außen zu gehen. Zahlreiche Anregungen finden Sie in:

Gernot Candolini, Die Faszination der Labyrinthe. Das Praxisbuch. Mit Kopiervorlagen, München 2004.

Inschriften suchen

Die Gebäude haben innen und außen oft Inschriften. Manchmal steht dort der Name oder ein Datum oder ein Widmungswort. Diese Inschriften sagen etwas über das Gebäude und seine Bedeutung, sie deuten das Gebäude. Darüber hinaus gibt es auch Worte, Bilder und Ornamente als Schmuck. Wir können in Gruppen diese Inschriften sammeln und zusammentragen.

Günstig liegende Inschriften können wir auch kopieren: Auf das Ornament oder die Schrift wird ein Blatt gelegt bzw. gehalten und dann wird mit einem Kohlestift oder mit der Breitseite einer weichen Pastellkreide oder einem Bleistift über das Blatt gefahren. Das Motiv wird nun auf dem Papier sichtbar. Zur Übung am besten zuvor einmal mit einem Geldstück unter einem Papier ausprobieren.

Fenster malen

Manche Gebäude haben wunderschöne Fenster. Einige Fenster – besonders die gotischen Rosetten – sind Mandalas mit einer eigenen Botschaft. Oft zeigen sie Grundmotive, die zur Mitte führen oder aus der Mitte kommen. Ideal ist es, wenn zuvor jemand dieses Motiv schwarz-weiß als Mandala abmalt, sodass die Gruppe dieses Bild frei oder nach der Vorlage ausgestalten kann.

Wenn das ausgemalte Bild nachher von der Rückseite geölt wird, wird es ein transparentes Fensterbild, das wir zu Hause, in der Schule oder im Kindergarten ans Fenster hängen können.

Für Jugendliche und Erwachsene

Ein Gestaltungsexperiment

Vielleicht ist in dem einen oder anderen Raum ein Experiment erlaubt, nämlich in einer Kirche die Bestuhlung und vielleicht gar den Altar so zu gestalten, wie es der Gruppe sinnvoll erscheint. Dies wird am ehesten in protestantischen Kirchen möglich sein. Dazu erarbeiten Gruppen (ca. 4 Leute) eigene Ideen und begründen sie. Einige Entwürfe werden miteinander umgesetzt. Falls dies möglich ist, werden davon Fotos gemacht und diese anderen gezeigt bzw. die Ergebnisse verglichen. Mit Sicherheit erkundet die Gruppe den Raum dadurch ausgesprochen intensiv.

Werkstatt

Aus Ytong, Gips und Speckstein können Motive des Raumes nachgearbeitet werden. Fachpersonal (Kunstlehrer und Künstler) sollte dazu angefragt werden. Mit den Verantwortlichen eines Gebäudes sollte dies allerdings unbedingt abgesprochen werden. Meist ist in einem Nebenraum oder nach dem Besuch eine solche »Werkstatt« gut realisierbar.

Verhüllungsaktion

Auch diese Aktion – und es ist wirklich eine Aktion – sollte sehr gut abgesprochen werden. Meist ist sie nur bei »Heimspielen«, also im eigenen vertrauten Raum möglich, dafür aber umso spannender. Mit hellem Stoff – oder warum nicht auch einfarbig bunt – werden wesentliche Teile des Raumes verhüllt. Dies geschieht sorgfältig und ästhetisch, sonst ist die Wirkung schwach. Das Wesentliche bekommt durch die Verhüllung oft mehr Gewicht und neue Bedeutung.

Bei einem solchen Projekt könnten anschließend auch Führungen (auf Spendenbasis) angeboten werden. Da viel weiches Tuch gebraucht wird, empfiehlt sich die Suche nach einem Sponsor und Spendern für die Aktion.

ZUR VERTIEFUNG

Den Raum im Klassenzimmer/ Kindergarten/zu Hause erleben

Nicht immer ist es für alle möglich, zu einer Synagoge oder zu einer Moschee zu fahren, obwohl ein solcher Ausflug immer sinnvoll und wünschenswert ist. Für den Fall, dass Sie nach Alternativen suchen oder die vor Ort gemachten Erfahrungen zu Hause noch vertiefen wollen, finden Sie im Folgenden einige Anregungen.

Für Kinder

Einen Raum einrichten

Vergrößern Sie für jeden Einzelnen oder für Kleingruppen die typischen Grundrisse auf Karton (DIN A3). Nehmen Sie nun den Materialbogen mit den Einrichtungsgegenständen für Synagoge, Kirche und Moschee im Anhang und kopieren Sie ihn mehrmals entsprechend auf Karton. Die Besucher können nun die Gegenstände ausschneiden und die Gebäude selbstständig (allerdings nur zweidimensional) gestalten.

Bastelbögen von Synagoge, Kirche und Moschee

Es gibt für Synagoge, Kirche und Moschee preiswerte einfache Schwarz-weiß-Bastelbögen mit klaren Arbeitsanleitungen. Wer Zeit hat, kann hier ein Projekt mit viel Gruppenarbeit gestalten. Die Arbeitsbögen gibt es als Möckmühler Bastelbögen (Aue-Verlag, 79215 Möckmühl: Nr. 50 – Synagoge, Nr. 33 – Kirche; Nr. 69 – Moschee).

Schmuckkästchen mit Thorarolle

Aus einer Streichholzschachtel kann leicht ein Schmuckkästchen werden, wenn man sie von außen hübsch beklebt und bemalt. An einen schmalen Streifen Papier, der nicht breiter als die Streichholzschachtel ist, wird an beiden Enden ein Streichholz geklebt. Der Papierstreifen kann nun mit einem Thoravers bemalt oder beschrieben werden. Anschließend wird er aufgerollt und in die Schachtel gelegt.

Für Jugendliche und Erwachsene

Grundrisse vergleichen und gestalten

Auf den Materialblättern im Anhang finden Sie je einen beispielhaften Grundriss einer Synagoge, einer Kirche und einer Moschee. Sie können diese Grundrisse miteinander vergleichen und Gemeinsamkeiten und Unterschiede herausarbeiten. Dies kann mithilfe eines Overheadprojektors oder direkt mit den Materialblättern geschehen.

Erkundungen mit der Zahlensymbolik

Die Bedeutung der Zahlen

In den geistlichen Traditionen spielen die Zahlen eine besondere Rolle. Sie symbolisieren Unaussprechliches, Geheimnisvolles und Zeichenhaftes. In der Architektur wurde dies oft und bewusst aufgenommen. Dies kann bei einem Gang durch den Raum wieder entdeckt werden.

Hier finden Sie zunächst Hinweise zur Bedeutung der wichtigsten Zahlen und dann Anregungen, den Raum »zahlenrelevant« zu erkunden. Die Zwölf ist dabei die letzte Zahl, die ausgeführt wird. Alle weiteren Zahlen sind für die symbolische Raumgestaltung von untergeordneter Bedeutung.

Die Beschreibung der Zahlsymbolik orientiert sich hauptsächlich an dem interessanten Buch von Otto Betz, Die geheimnisvolle Welt der Zahlen, München 1999 (leider vergriffen).

Die Eins

»Vor jeder geschöpflichen Vielfalt steht die göttliche Einheit, vor der Scheidung in die Vielfalt das Ungeschiedene. Weil aber das Eine schon die Möglichkeit des Vielen in sich trägt, deshalb ist die Eins die Quelle der vielen Dinge, die Wurzel der Verzweigungen, die Mutter aller Wesen« (Betz, S. 45). In der jüdisch kabbalistischen Zahlenüberlegung ist die Eins der Urgrund und das Nichtfassbare.

Die Zwei

Während die Eins die Einheit verdeutlicht, entsteht aus der nächsten Zahl, der Zwei, die Dualität und die Vielheit. In der Dualität weist sie aber auf eine neue Einheit hin, wie sie beispielsweise im Paar sichtbar wird.

In der Zwei wird als getrennt sichtbar, was gleichzeitig eine Einheit ist: z.B. Tag und Nacht, Oben und Unten, Bewusstes und Unbewusstes.

Die Drei

Die Drei ist die erste ungerade Zahl, da die Eins in diesem Sinne keine Zahl ist, sondern für die Einheit steht. In der Drei finden Zwei und Eins wieder zusammen. Im christlichen Bereich steht sie so für Trinität, für die Einheit von Gott, Christus und Geist. Raimon Panikar schreibt, dass es in (fast) jeder Religion wichtige trinitarische Elemente gibt. In der Raumerkundung wird die Drei im christlichen Bereich allerdings die größte Rolle spielen.

Der Mensch selbst ist ein dreidimensionales Wesen. Er hat Länge, Breite und Tiefe. Sicherlich hat die Faszination der Drei etwas mit dieser menschlichen Beschaffenheit und der daraus resultierenden Wahrnehmungsfähigkeit zu tun. Aus der Zwei (Mann und Frau) entsteht in der menschlichen Beziehung die Drei (Kind).

Die Vier

Die Vier ist die erste Zahl, die über das Göttliche hinausgeht und hinausweist. Sie ist die Zahl des Irdischen und damit auch des Menschlichen, Kreatürlichen. Sie symbolisiert oft den Menschen. Sie ist die Zahl des Vierecks, des Raumes, der Himmelsrichtungen. In der frühen Antike stellten die Menschen sich vor, dass aus den vier Elementen (Feuer, Wasser Erde, Luft) alles Leben entstanden sei.

In der jüdischen Tradition besteht der Gottesname aus vier Buchstaben, aus vier Konsonanten. (Die Vokale werden nicht aufgeschrieben, sondern durch Punktation notiert.) Der Gottesname wurde nicht ausgesprochen, sondern er wurde als »Vierbuchstabenwort« heilig gehalten.

In der christlichen Tradition hat das Kreuz von seinem Schnittpunkt aus vier Schenkel, es zeigt in vier Richtungen. Es verbindet einerseits Himmel und Erde und andererseits weist es nach links und rechts auf die Menschen und verbindet sie.

In der muslimischen Tradition spricht man von den vier Gnaden, die den Menschen zuteil werden.

C.G. Jung hält die Vier für einen Ausdruck der »Ganzheit, der Vollständigkeit, der Totalität« (vgl. Betz, S. 93).

Die Fünf

Die Fünf setzt sich aus der Zwei und der Drei zusammen. Dabei gilt die Zwei als erste gerade Zahl als weiblich und die Drei als erste ungerade Zahl als männlich. Die Fünf ist also die Zahl der Vereinigung und Begegnung.

Auf mittelalterlichen Darstellungen ist Christus oft als Allherrscher inmitten der Symbole der vier Evangelisten (Mensch, Löwe, Stier, Adler) dargestellt. Die Fünfzahl spiegelt hier die Fülle und Vollendung wieder.

Im Vorderen Orient erfuhr die Fünf immer schon eine große Wertschätzung. So ist es nicht verwunderlich, wenn Muslime von den fünf Pfeilern ihres Glaubens sprechen: »das Glaubensbekenntnis, das Pflichtgebet, die Fasteneinhaltung im Monat Ramadan, die Abgabe von Almosen und die Pilgerfahrt nach Mekka. Und auch das tägliche Gebet wird pflichtgemäß fünfmal am Tag gesprochen« (Betz, S. 102).

Die Sechs

Die Sechs ist eine interessante Zahl. Sie setzt sich sowohl addiert als auch multipliziert aus Eins, Zwei und Drei zusammen. In der christlichen Tradition steht sie für das Erschaffene, für das Irdische und die Arbeit. Im Judentum ist das Hexagramm – der sechsstrahlige sog. Davidstern – wichtig. Er besteht aus zwei Dreiecken, die so übereinander liegen, dass eine Spitze nach oben und eine Spitze nach unten zeigt.

In der Natur gibt es interessante Räume als Sechseck, besonders deutlich wird dies an den Bienenwaben. Die Schneeflocke ist in ihrer Kristallstruktur ebenfalls eine »Sechserform«.

Die Sieben

Die Sieben ist eine Ordnungs- und Strukturzahl. Vieles geschieht im und hält sich an den siebener Rhythmus, z.B. der Wochenablauf. Es gibt sieben Planeten und der Mondzyklus besteht aus 4 × 7 Tagen.

In der jüdischen Tradition gibt es den siebenarmigen Leuchter, der sicherlich in seiner Sieben sowohl auf die sieben Wochen- und Schöpfungs-Tage verweist als auch auf die kosmische Ebene der sieben Planeten.

Die Sieben repräsentiert auch die Zusammengehörigkeit von Göttlichem (Drei) und Menschlichem (Vier). Deshalb kommt in Bauwerken die Sieben oft vor. Sie taucht auch als Symbol der Engel auf, da diese Gott und Mensch verbinden.

Die Acht

Die Acht ist eine doppelte Vier und kommt als solche auch in der Architektur vor. Sie wird »sogar als architektonisches Grundmodell immer wieder aufgegriffen ... Die Einheit und die Zahl Acht sind die deutliche Grenze, an der das Irdische sich mit dem Jenseits berührt« (Betz, S. 131). Deshalb gilt die Acht als Zahl der Vollendung und Vollkommenheit.

Der Islam kennt sieben Höllen, »aber acht himmlische Paradiese« (Betz, S. 131).

Die Neun

Die Neun und das Neu-Werden sind nicht nur sprachlich verwandt. Nach neun Monaten Schwangerschaft wird neues Leben geboren. Die Neun ist mit der Drei verbunden (3 × 3), das Göttliche der Drei multipliziert sich mit sich selbst.

Im Raum ist die Neun selbst weniger zu finden, es sei denn als Drei mal Drei.

Die Zehn

Die Zehn wurde durch das Dezimalsystem eine herausragende Zahl. Auf eine gewisse Art versinnbilicht die Zehn die Fülle und die Weisheit. Sie ist eine Zahl, die gleichsam die Harmoniegrundlage darstellt.

Auch die jüdische Tradition (Zehn Gebote – Zehn Worte) kennzeichnet die Bedeutung der Zehn. In der jüdischen Kabbala hat die Zehn eine geheimnisvolle Bedeutung.

Die Elf

Die Elf steht zwischen Zehn und Zwölf. Zwischen diesen beiden Symbolzahlen wirkt die Elf blass und leer. Sie ist eine Zahl des »Mangels« in beide Richtungen: eins fehlt zur Zwölf, eins ist zu viel für die Zehn.

Sie deutet inhaltlich Umkehr und Veränderung an, bei Elf soll es nicht bleiben.

Die Zwölf

Die Zwölf ist die alte Zahl der Vollkommenheit, sie ist mehr als die Zehn und sie hatte vor dem Dezimalsystem ihre große Bedeutung. Bei der Zwölf wurde das runde Dutzend voll.

In der jüdischen Tradition ist sie von grundlegender Wichtigkeit, sie ist eine heilige Zahl. Die zwölf Stämme Israels, die sich auf die zwölf Söhne Jakobs zurückführen, versinnbildlichen die ganze Gemeinschaft Israels. Die zwölf Jünger Jesu entsprechen diesen zwölf Stämmen.

In der Offenbarung des Johannes wird das neue Jerusalem durch die Zwölf beschrieben: mit zwölf Toren und zwölf Edelsteinen als Grundsteinen. Auch die Ausmaße der Stadt errechnen sich mithilfe der Zwölf.

Anregungen zur Raumerkundung

Die Eins

Was ist einmalig im Raum?
Was verweist auf das Einzigartige, den Urgrund, den Ursprung?

Die Zwei

Was ist dual, also auf Gegenüber bzw. Ergänzung im Raum angelegt?
Was gibt es im Raum zweimal?
Gibt es dafür einen Grund?
Achten Sie auch auf Kleinigkeiten!

Die Drei

Wo finden Sie die Drei-Zahl im Raum? Auf was verweist sie?
Zählen Sie Treppenstufen, Ecken, Kanten ...
Schauen Sie nach Dreiecken: Wie sind diese geometrisch gestaltet?
Gibt es Symbole für die Drei?
Halten Sie fest, wo und wie es die Dreizahl gibt, drei Kerzen, drei Fenster usw. Was könnte dies bedeuten, auf was könnte dies hinweisen?

Die Vier

Wo werden in der Raumgestaltung die Vier und das Viereck aufgenommen?
Aus wie vielen Vierecken besteht der Raum? (vgl. auch die Acht!)
In welche Richtung ist der Raum ausgerichtet und was bedeutet das für die Gestaltung?
In welchen Symbolen wird die Vier wieder aufgenommen? Zum Beispiel Tisch, Altar ...

Die Fünf

Wo taucht die Fünf im Raum auf? Gibt es Fünfecke?

Sehen Sie sich Ikonen an. Tritt dort die Fünf auf?

In der muslimischen Tradition spielt die Fünf eine Rolle. Finden Sie davon etwas im Raum wieder?

In der jüdischen Tradition spielt die Fünf bei der Thora – den fünf Büchern Mose – eine Rolle. Ist diese Fünfzahl im Raum wieder zu erkennen?

Die Sechs

Ist das Sechseck im Raum vorhanden?

Tritt es als Raumstruktur bzw. als Fenster, als Tisch, als Taufbecken oder als Schmuckornament (z.B. Fliesen) auf?

Warum ist die Sechs – wenn sie im Raum vorkommt – an dieser Stelle verwendet?

Die Sieben

Zählen Sie die Treppenstufen zum Altar, oft sind es sieben oder fünf. Warum?

Wo taucht die Sieben sonst noch auf?

Warum ist der Leuchter in der Synagoge siebenarmig? Wo steht er?

Acht bis zwölf

❏ Wo taucht die *Acht* – auch als 2 × 4 – im Raum auf? Findet sich ein achteckiges Taufbecken?

❏ Auch wenn die *Neun* selten im Raum zu finden ist, schauen Sie, ob die 3 × 3 vorkommt.

❏ Die *Zehn* taucht meistens als harmonische Grundstruktur auf. Prüfen Sie, ob der Raum dem Dezimal- oder dem Zwölferprinzip oder einer anderen harmonischen Struktur (z.B. Zwei zu Drei) folgt.

❏ Die *Zwölf* kann durchaus den Raum gestalten und in Bildern, Leuchtern und in der Symbolik vorkommen. Seien Sie neugierig, die Zwölf zu entdecken.

EIN FRAGENKATALOG
ZUR PERSÖNLICHEN VORBEREITUNG
UND ANNÄHERUNG

Persönliche Zugänge

☐ Wo liegt das Gebäude (geographischer Ort, an erhöhter Stelle, an bereits vorgefundener heiliger Stätte)? Wie ist es erreichbar?

☐ Gehen Sie um das Gebäude herum und spüren Sie, ob Sie sich willkommen fühlen, aufgehoben, geborgen, verloren oder bedrängt!

☐ Gibt es etwas an diesem Gebäude, was Ihre Neugierde weckt oder Sie befremdet?

☐ Wie sieht das Gebäude aus? Besondere Kennzeichen?

☐ Suchen Sie sich einen Lieblingsplatz. Schließen Sie die Augen und spüren Sie, was Sie durch die Stille hindurch noch wahrnehmen.

☐ Gibt es in Ihrer Vorstellung einen Begriff, eine Farbe, eine Melodie, die Ihre Gefühle für dieses Gebäude symbolhaft ausdrücken? Schreiben Sie es bitte auf!

☐ Lädt Sie das Gebäude in seinem Inneren zum sinnenhaften Wahrnehmen ein? Was gibt es für Sie zu sehen – hören – riechen – fühlen – tasten?

Zur Gestalt des Gebäudes, seiner Innenausstattung und seinen Funktionen

☐ Wie ist das Gebäude gestaltet (außen) und eingerichtet (innen)? Entdecken Sie seine Details!

☐ Welches Material und welche Farben wurden verwendet? Welche Gegenstände entdecken Sie? Was empfinden Sie im Einzelnen beim Material? Bei den Farben? Den Gegenständen?

☐ Was könnte in diesem Gebäude geschehen? (Ihre Fantasien sind wichtig.)

☐ Was möchten Sie selbst in diesem Gebäude am liebsten tun? Was regt Sie dazu an oder was hindert Sie möglicherweise daran?

☐ Mit welchen Funktionen möchten Sie das Gebäude belegen? Wie ist es religiös verwendbar?

☐ Sammeln Sie weitere Informationen über dieses Gebäude, über seine Nutzung und seine Funktionen.

Die Innenausstattung des Gebäudes

- ❑ Entdecken Sie die Gegenstände des Gebäudes! Auch Details sind wertvoll.
- ❑ Welche Ausstattungsstücke oder Details des Gebäudes bewegen Sie besonders? Notieren Sie, warum Sie sich davon angesprochen fühlen. Malen Sie sie evtl. ab.
- ❑ Können Sie hinter den Gegenständen eine tiefere Bedeutung entdecken (Symbolik)?
- ❑ Welcher Gegenstand hat für Sie besondere kultische Bedeutung?

Das Gebäude und sein kultischer Raum

- ❑ Welche Atmosphäre strahlt der Raum aus? Welche Sprache spricht der Raum?
- ❑ Was lässt der Raum zu? Welche Verhaltensweisen provoziert er? Ist es hier hell, freundlich, einladend oder verhangen und düster, evtl. Furcht einflößend? Will ich hier gern bleiben oder drängt alles in mir nach draußen?
- ❑ Den Raum entdecken – die Perspektiven wechseln:
  a) Innerhalb des Raumes verschiedene Standorte wahrnehmen.
  b) Bei mir selbst: als Kind, Jugendlicher, Rollstuhlfahrer, Erwachsener, älterer Mensch den Raum wahrnehmen.
  c) Einen Platz finden, der mir gefällt.
  d) Einen Platz nennen, der mich abstößt.
  e) Hat der Raum eine Mitte?
  f) Wie ist seine Mitte gestaltet?
- ❑ Wie verhalten sich Kultteilnehmer/innen in diesem Raum? Was tun sie im Einzelnen (beten, singen, opfern, spielen, tanzen, lesen heiliger Texte usw.)?
- ❑ Können Sie besondere Gesten und Riten (evtl. auch ein Ritual) erkennen? Welche Zeremonie entdecken Sie?
- ❑ Gibt es zu diesem Gebäude eine Gründungslegende oder andere Mythen?
- ❑ Wie erfahren die Kultteilnehmer/innen in diesem Raum Gemeinschaft?
- ❑ Wie wird Gemeinschaft gelebt?
- ❑ Mit welchen Erwartungen kommen die Kultteilnehmer/innen?

Die Heiligkeit des Gebäudes

- ❑ Was macht diesen Raum für Sie heilig, sakral? Können Sie etwas von seinen religiösen Dimensionen wahrnehmen?
- ❑ Können Sie etwas von den Wirkungen wahrnehmen, die von diesem Raum ausgehen?
- ❑ Gibt es eine symbolische Mitte, auf die hin sich alles konzentriert?
- ❑ Welcher Glaube wird hier wohl wie gelebt? Welches Bekenntnis zu welchen Werten signalisiert Ihnen der Raum?
- ❑ Wie wird der Kontakt zur Gottheit in diesem Raum hergestellt?
- ❑ Welche religiösen Symbole sind hier zu entdecken?

📑 Literaturhinweise

Bücher

Otto Betz, Die geheimnisvolle Welt der Zahlen, München 1999.

Margarete Luise Goecke-Seischab/Frieder Harz, Komm, wir entdecken eine Kirche, München 2001.

Annette Klinke, Kein langweiliger Ort – Zugänge zum »Heiligen« Raum, Diplomarbeit an der Ev. Fachschule Rheinland – Westfalen – Lippe, Bochum 2002 (unveröffentlichtes Manuskript).

Siegfried Macht, Kirchenräume begreifen, Werkbuch Religionsunterricht 1 bis 6, Verlag Ernst Kaufmann, Lahr 2002.

Medien zu Tänzen und jüdischen Liedern

Von Sonne bis Frosch – Tänze für eine bewegte Kinderkirche (CD und Anleitungsheft ca. 15 Euro), zu beziehen bei: Rheinischer Verband für Kindergottesdienst, Missionsstraße 9A, D-42285 Wuppertal, Tel. 0202/2820-310. Dort gibt es auch eine einfache, kurze CD mit jüdischen Liedern.

ANHANG

Materialien und Kopiervorlagen

Übersicht

Aufgabe: Beschreibe, welche religiösen Merkmale die drei Gebäude gemeinsam haben.

Kirche

Moschee

Synagoge

Aufgabe: Welches dieser vier Gebäude ist kein Kultgebäude? An welchen Merkmalen ist dies zu erkennen? Nenne mindestens drei Merkmale.

Aufgabe: 1. Unter den Fotos findest du drei Außenansichten von Kultgebäuden. Ordne die drei Gebäude den Religionen Judentum, Christentum und Islam zu.
2. Zu den drei Religionen passen jeweils vier weitere der hier abgebildeten Fotos. Ordne sie zu *und benenne sie.*

Aufgabe: Beschreibe die Veränderungen in der Geschichte des Kirchenbaus.

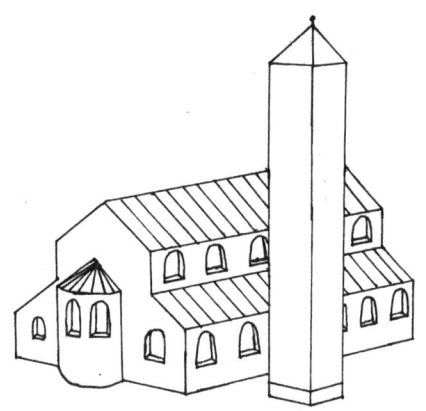

Basilika (200–600 n. Chr.)

Romanik (950–1200 n. Chr.)

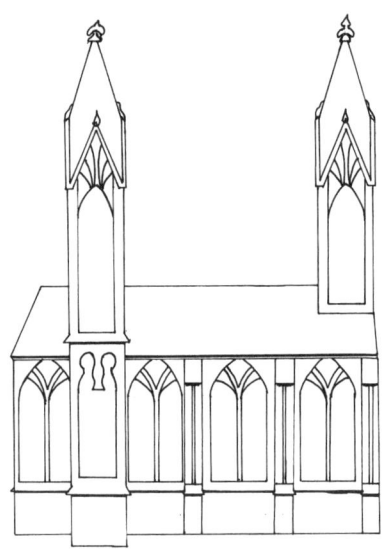

Gotik (1150–1500 n. Chr.)

Renaissance (1420–1600 n. Chr.)

Barock (1600–1730 n. Chr.)

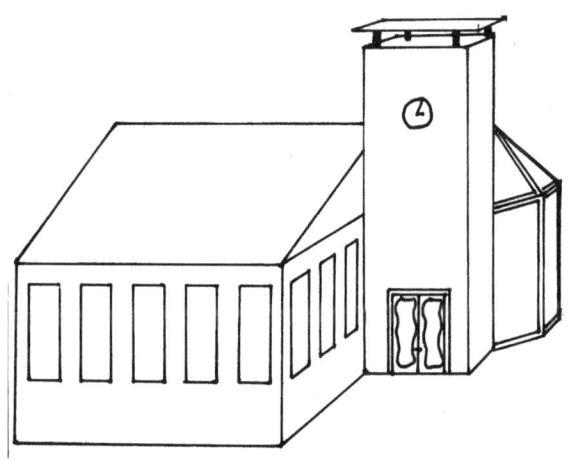

Moderne (ab dem 19. Jh.)

Aufgabe: Beschreibe die Veränderungen in der Geschichte des Kirchenbaus anhand der Grundrisse.

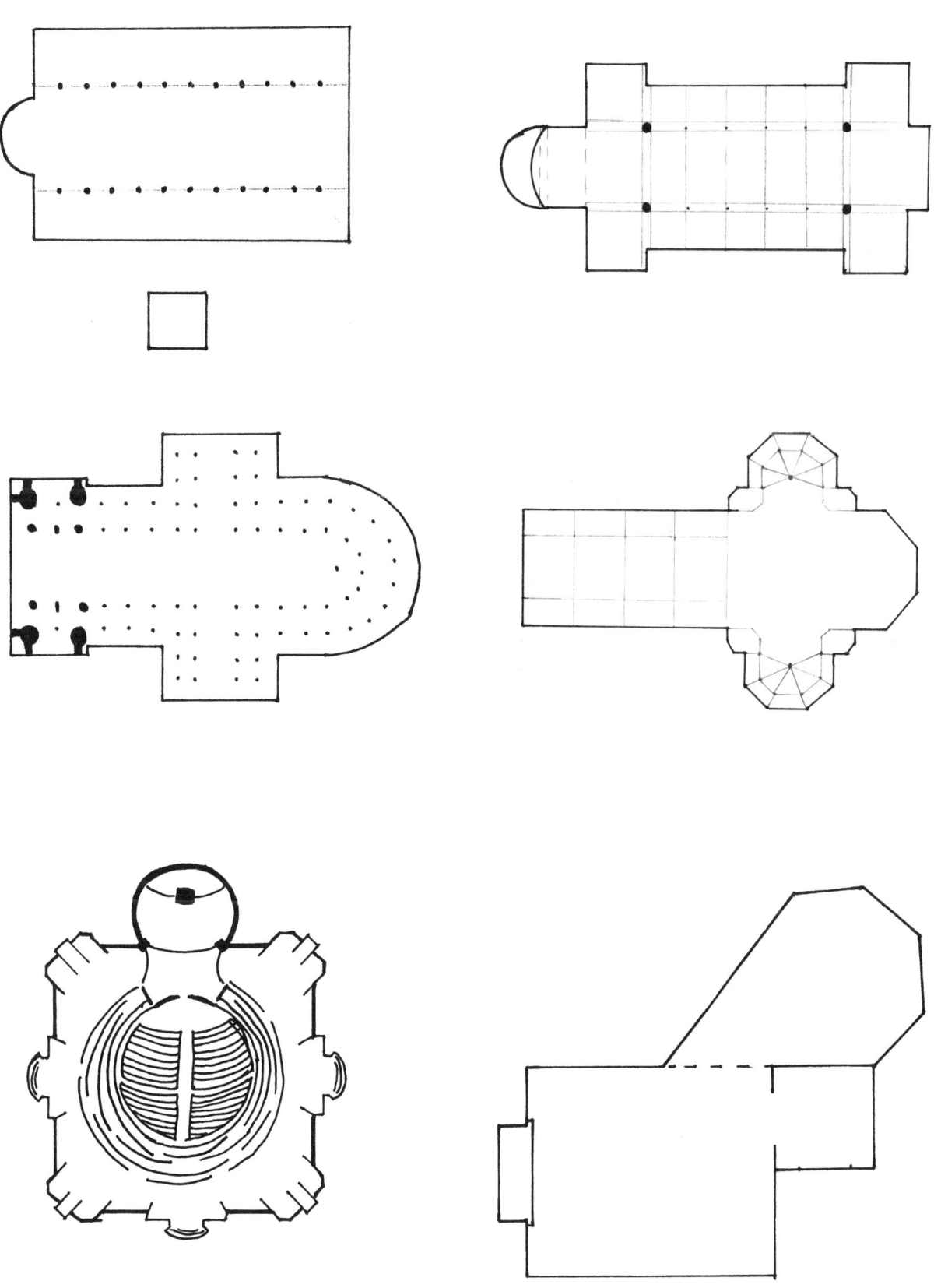

Aufgabe: Beschreibe die Veränderungen in der Geschichte des Synagogenbaus.

Kleinasien, vor Christus

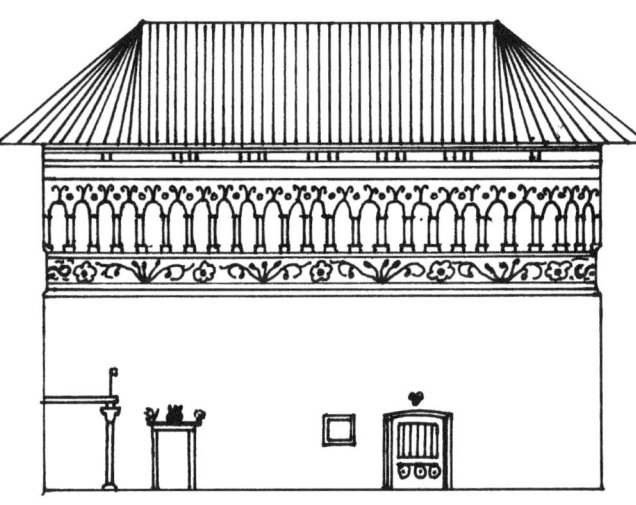

Spanien, 14. Jahrhundert

Deutschland, 19. Jahrhundert

Westeuropa, 20. Jahrhundert

Aufgabe: Beschreibe die Veränderungen in der Geschichte des Moscheebaus.

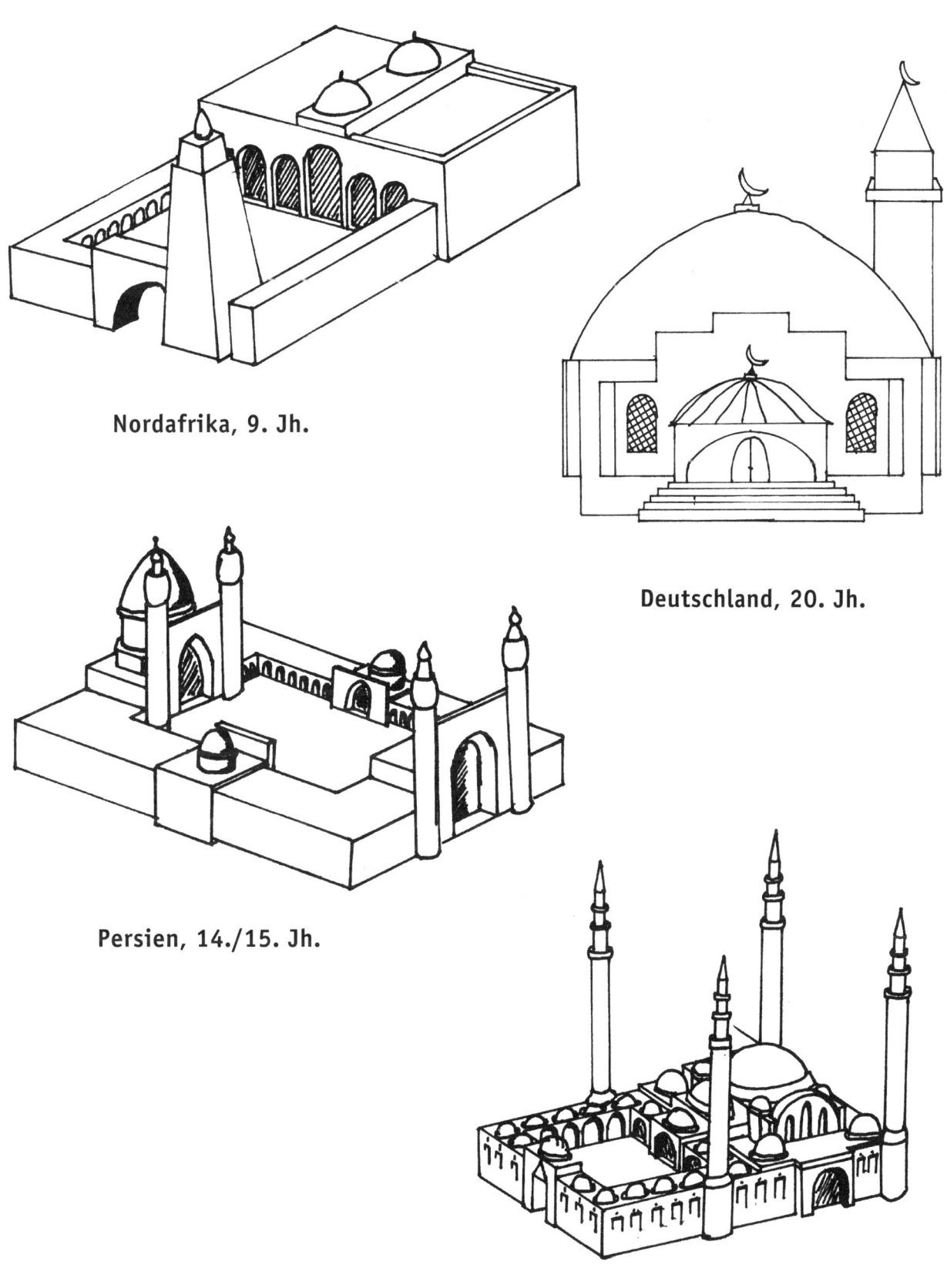

Nordafrika, 9. Jh.

Deutschland, 20. Jh.

Persien, 14./15. Jh.

Osmanisch, 16. Jh.

Aufgabe: Beschreibe die Bilder und erkläre die Bedeutung des christlichen Rituals der Bekreuzigung.

1

2

3

4

Aufgabe: Beschreibe die Bilder und erkläre die Bedeutung der islamischen Gebetshaltungen.

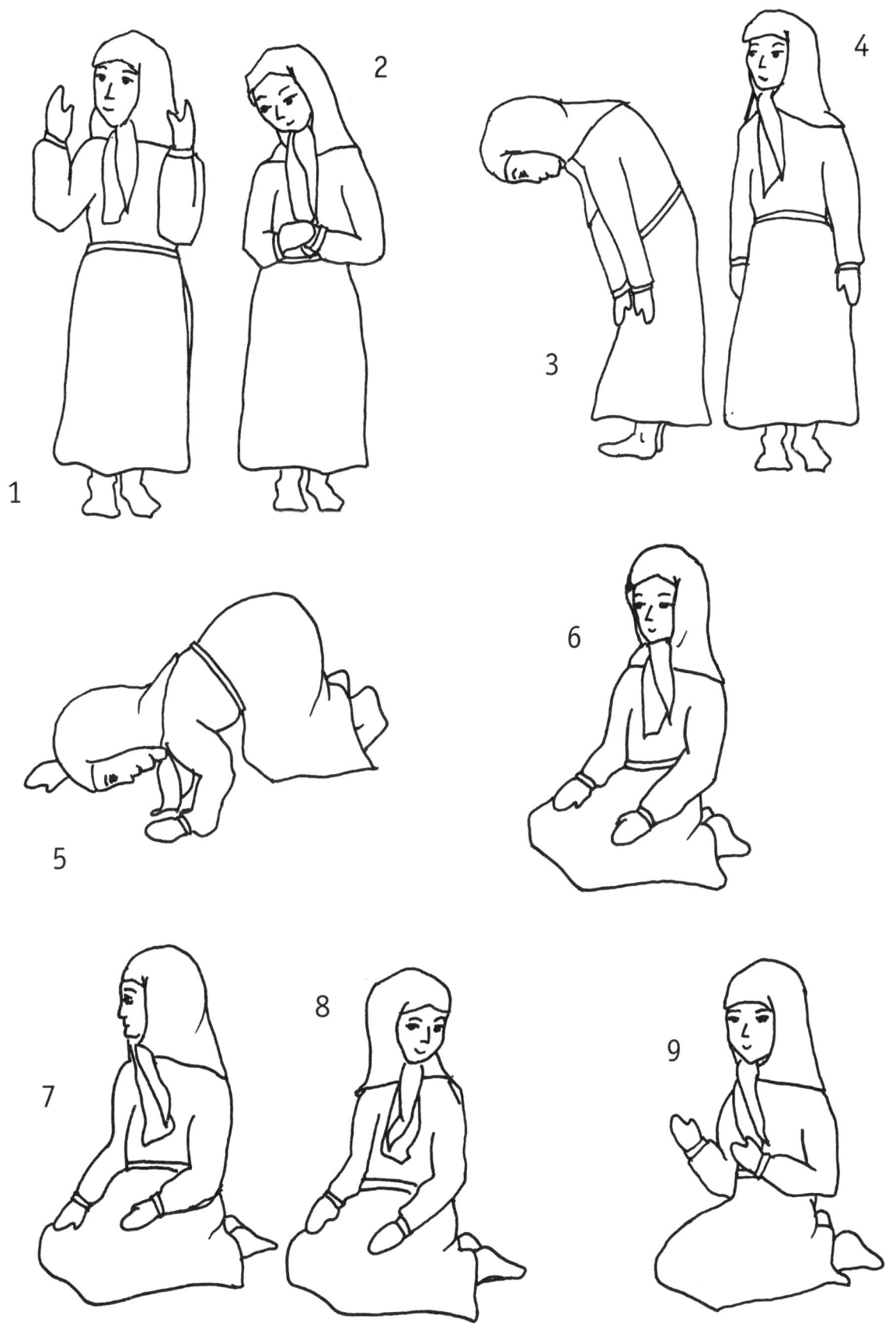

Aufgabe: Beschreibe die Bilder und erkläre die Bedeutung des jüdischen Gebetrituals.

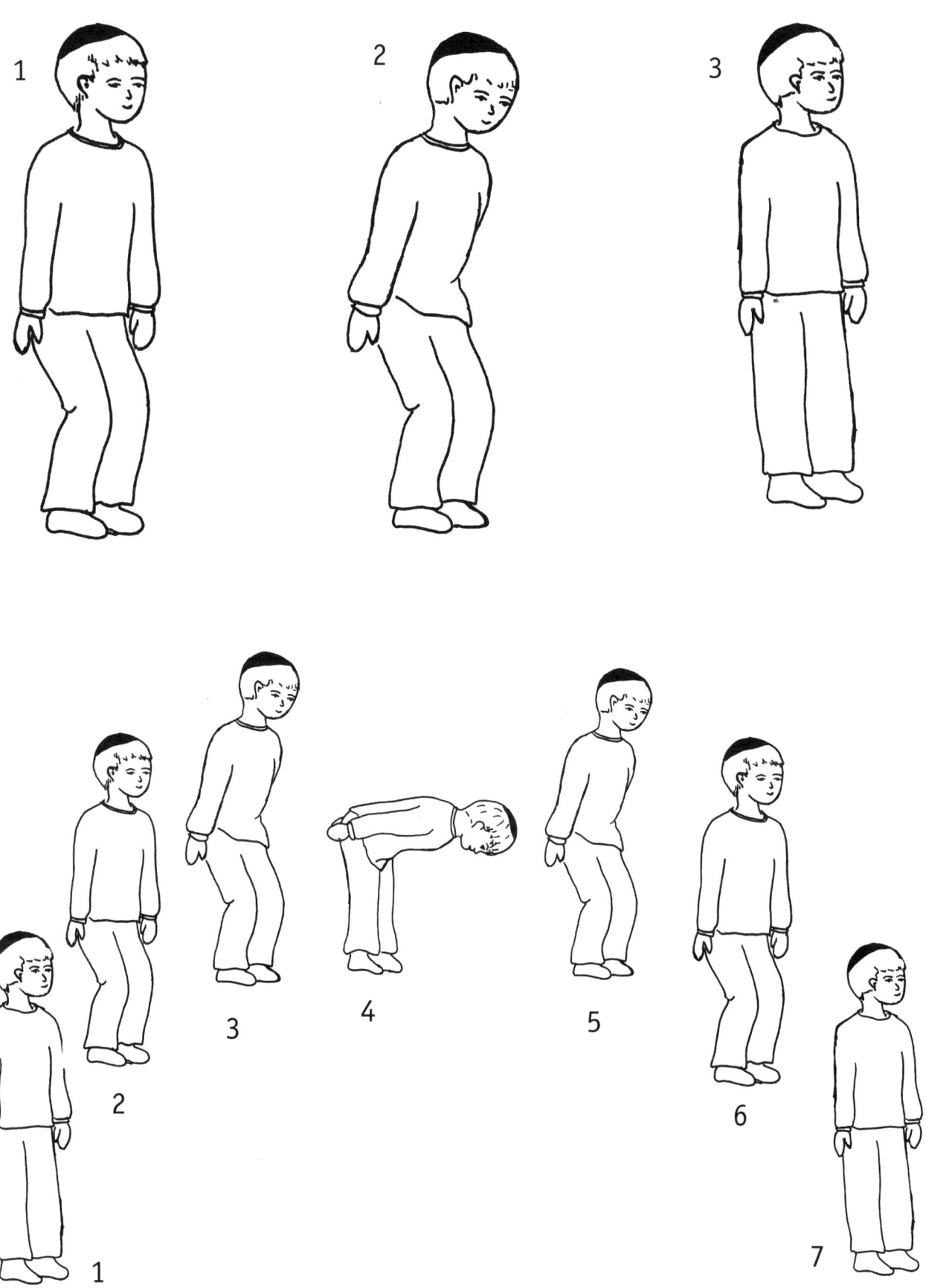

Aufgabe: Ordne die verschiedenen Haltungen den Religionen zu. Wenn du magst, kannst du die Haltungen auch selbst einmal ausprobieren.

Vergleiche die unterschiedlichen Haltungen der Hände miteinander und überlege, was sie bedeuten könnten.

Aufgabe: Klebe das Foto-Puzzle mit den verschiedenen Kultgebäuden auf einen festen Karton. Zerschneide das Bild entlang der Linien. Anschließend kannst du die Teile mischen und wieder zusammenpuzzeln.

Aufgabe: Suche das arabische Wort »Allah« im arabischen Text. Wenn du möchtest, kannst du es abschreiben und dabei schön verzieren: Ein Beispiel findest du unten auf dem Blatt.

Der islamische Ruf zum Gebet

1. اَللّٰهُ أَكْبَرْ

2. أَشْهَدُ أَنَّ لَا إِلٰهَ إِلَّا آللّٰهْ   5. حَيَّ عَلَى ٱلْفَلَاحْ

3. أَشْهَدُ أَنَّ مُحَمَّداً رَسُولُ آللّٰهْ   6. اَللّٰهُ أَكْبَرْ

4. حَيَّ عَلَى ٱلصَّلَاةْ   7. لَا إِلٰهَ إِلَّا آللّٰهْ

Dies ist der Ruf (Ezan), mit dem der Muezzin auf Arabisch die gläubigen Muslime fünfmal am Tag zum Gebet ruft. Arabisch wird von rechts nach links geschrieben. Gesprochen wird der arabische Ruf ungefähr so:

1. Allahu akbar!
2. Ashadu alla ilaha illal-lah!
3. Ashadu anna Muhammadar-rasulul-lah!
4. Haiy alas-salah!
5. Haiy ala-l-falah!
6. Allahu akbar!
7. La ilaha illal-lah!

Übersetzt lautet der Ruf:

1. Allah ist größer!
2. Ich bezeuge, dass es keinen Gott gibt außer Allah!
3. Ich bezeuge, dass Muhammad der Gesandte Allahs ist!
4. Kommt zum Gebet!
5. Kommt zum Heil!
6. Allah ist größer!
7. Es gibt keinen Gott außer Allah!

Aufgabe: Suche im hebräischen Text die Worte für »Herr« und »Gott« und unterstreiche sie. Am einfachsten kannst du die Worte finden, indem du den hebräischen Text mit der deutschen Übersetzung vergleichst. (Die letzten Buchstaben sind beim Wort für Gott unterschiedlich, aber der Beginn ist jeweils gleich.)
Denk daran, dass Hebräisch von rechts nach links geschrieben wird.

Das wichtigste jüdische Gebet

שְׁמַע יִשְׂרָאֵל יְהוָה אֱלֹהֵינוּ יְהוָה אֶחָד:
וְאָהַבְתָּ אֵת יְהוָה אֱלֹהֶיךָ בְּכָל־לְבָבְךָ
וּבְכָל־נַפְשְׁךָ וּבְכָל־מְאֹדֶךָ:

Dies sind die ersten Sätze des »Schma Israel«. In der Bibel findest du sie im Buch Deuteronomium (5. Buch Mose), Kapitel 6, Verse 4 und 5. Gesprochen wird der Text etwa so:

Schma Israel, adonai elohenu adonai ächad.
We 'ahavta ät adonai elohächa bkol-lewawcha
uwekol-nafschecha uwekol-meodächa.

Übersetzt lautet der Text:

Höre Israel, der Herr ist unser Gott, der Herr allein.
Und du sollst den Herrn, deinen Gott, lieben mit all deinem Herzen
und mit all deiner Seele und mit all deiner Kraft.

Hier kannst du die beiden hebräischen Wörter für »Herr« und »Gott« aufschreiben:

Aufgabe: Suche im griechischen Text die Worte für »Vater« und unterstreiche sie. Am einfachsten kannst du die Worte finden, indem du den griechischen Text mit der deutschen Übersetzung vergleichst.

9   Οὕτως οὖν προσεύχεσθε ὑμεῖς·
     Πάτερ ἡμῶν ὁ ἐν τοῖς οὐρανοῖς·
       ἁγιασθήτω τὸ ὄνομά σου·
10   ἐλθέτω ἡ βασιλεία σου·
     γενηθήτω τὸ θέλημά σου,
       ὡς ἐν οὐρανῷ καὶ ἐπὶ γῆς·
11   τὸν ἄρτον ἡμῶν τὸν ἐπιούσιον δὸς ἡμῖν σήμερον·
12   καὶ ἄφες ἡμῖν τὰ ὀφειλήματα ἡμῶν,
     ὡς καὶ ἡμεῖς ἀφήκαμεν τοῖς ὀφειλέταις ἡμῶν·
     καὶ μὴ εἰσενέγκῃς ἡμᾶς εἰς πειρασμόν,
13   ἀλλὰ ῥῦσαι ἡμᾶς ἀπὸ τοῦ πονηροῦ.

Dies sind die ersten Sätze des »Vaterunser«. In der Bibel findest du sie im Neuen Testament im Matthäus-Evangelium im 6. Kapitel, Vers 9–13. Sie werden etwa so ausgesprochen:

9   Hutos un proseucheste hümeis:
     Pater hämon ho en tois uranois.
     hagiasthäto to onoma su.
10   eltheto hä basileia su.
     genäthäto to theläma su,
     hos en urano kai epi gäs.
11   ton arton hämon ton epiusion dos hämin sämeron.
12   kai afes hämin ta ofeilämata hämon,
     hos kai hämeis afäkamen tois ofeiletais hämon.
13   kai mä eisenenkäs hämas eis peirasmon,
     alla rüsai hämas apo tu ponäru.

Die deutsche Übersetzung lautet:

9   So sollt ihr beten:
     Vater unser im Himmel.
     Geheiligt werde dein Name.
10   Dein Reich komme.
     Dein Wille geschehe,
     wie im Himmel, so auf Erden.
11   Unser tägliches Brot gib uns heute.
12   Und vergib uns unsere Schuld,
     wie auch wir vergeben unseren Schuldigern.
13   Und führe uns nicht in Versuchung,
     sondern erlöse uns von dem Bösen.

Aufgabe: Fünf dieser Begriffe gehören zum Islam, zwei nicht. Suche die beiden falschen Begriffe.

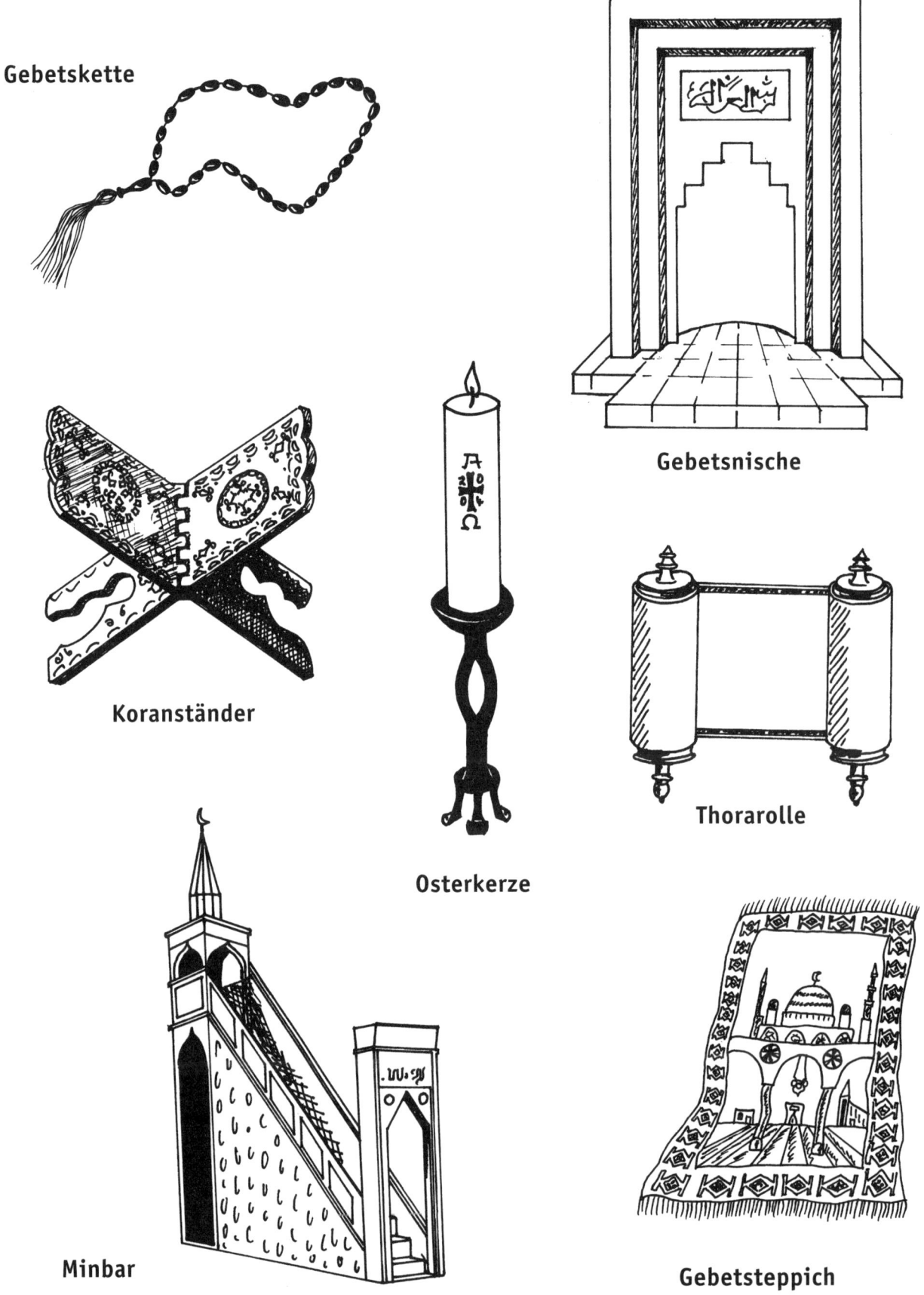

Gebetskette

Gebetsnische

Koranständer

Osterkerze

Thorarolle

Minbar

Gebetsteppich

Aufgabe: Fünf dieser Begriffe gehören zum Judentum, zwei nicht. Suche die beiden falschen Begriffe.

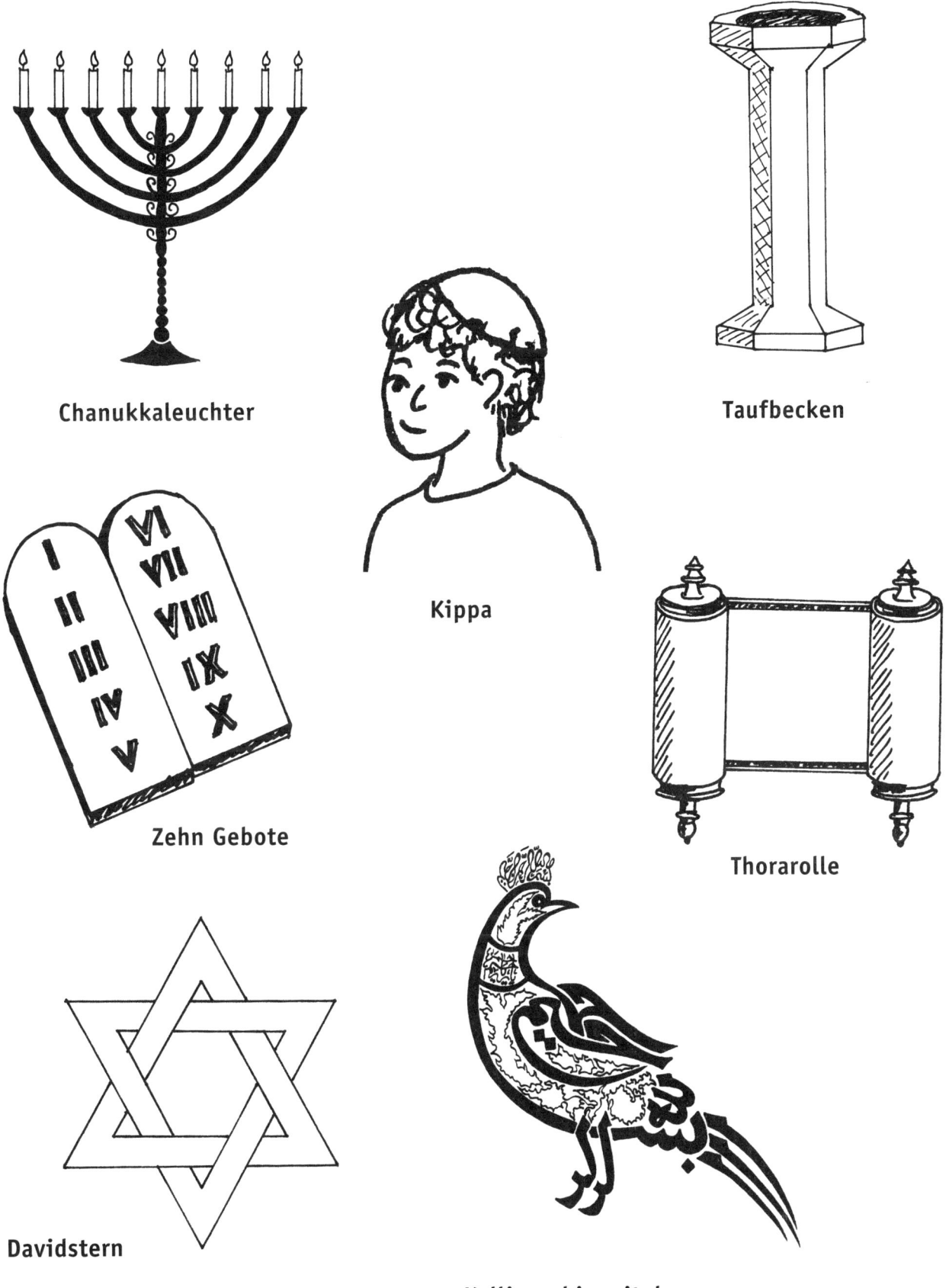

Chanukkaleuchter

Taufbecken

Kippa

Zehn Gebote

Thorarolle

Davidstern

**Kalligraphie mit dem
1. Vers der 1. Sure (basmala)**

Aufgabe: Fünf dieser Begriffe gehören zum protestantischen Christentum, zwei nicht. Suche die beiden falschen Begriffe.

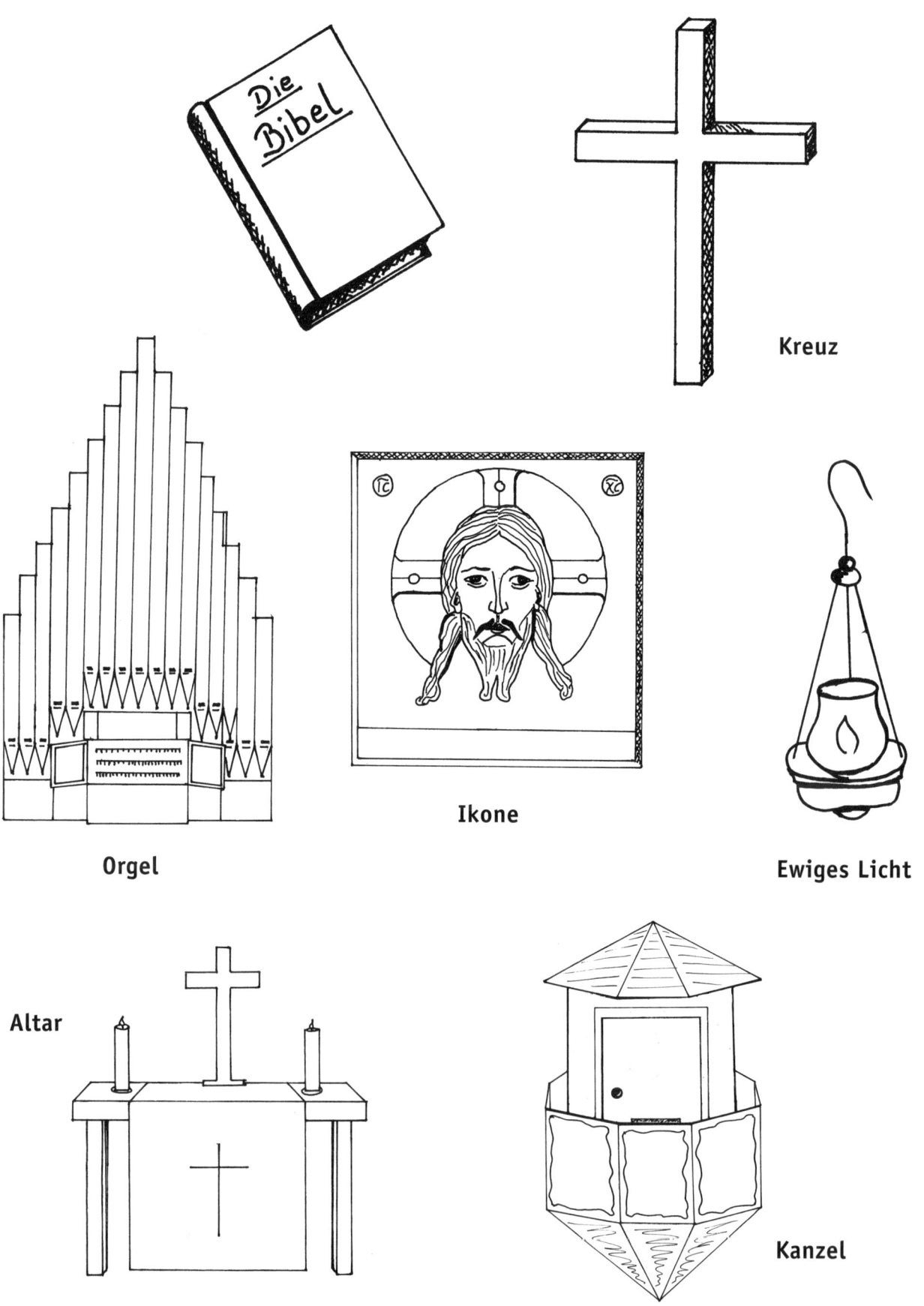

Kreuz

Orgel

Ikone

Ewiges Licht

Altar

Kanzel

Aufgabe: Fünf dieser Begriffe gehören zum katholischen Christentum, zwei nicht. Suche die beiden falschen Begriffe.

Kruzifix

Pfarrerin

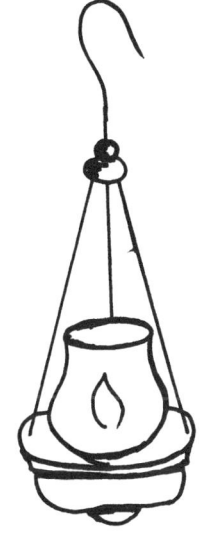

Ewiges Licht

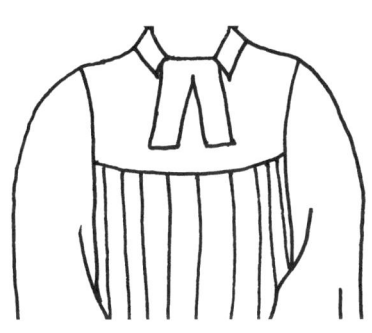

Talar mit Bäffchen

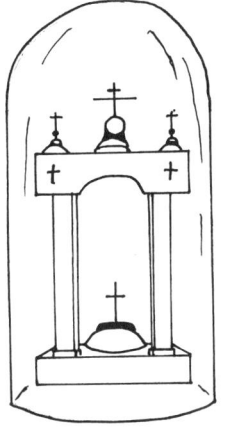

Tabernakel

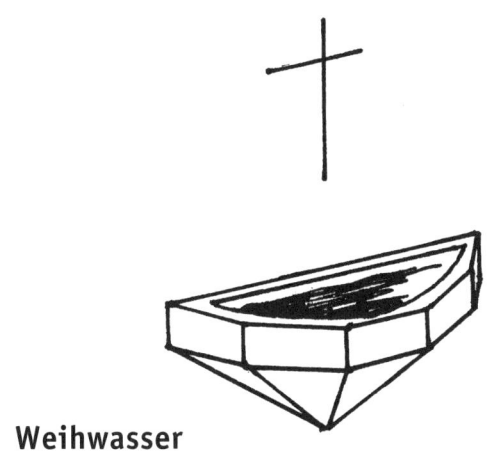

Weihwasser

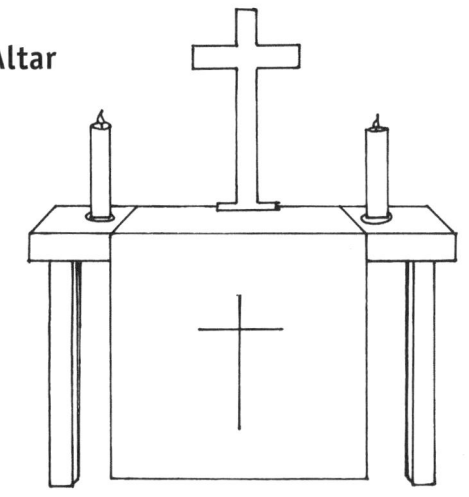

Altar

Aufgabe: Fünf dieser Begriffe gehören zum orthodoxen Christentum, zwei nicht. Suche die beiden falschen Begriffe.

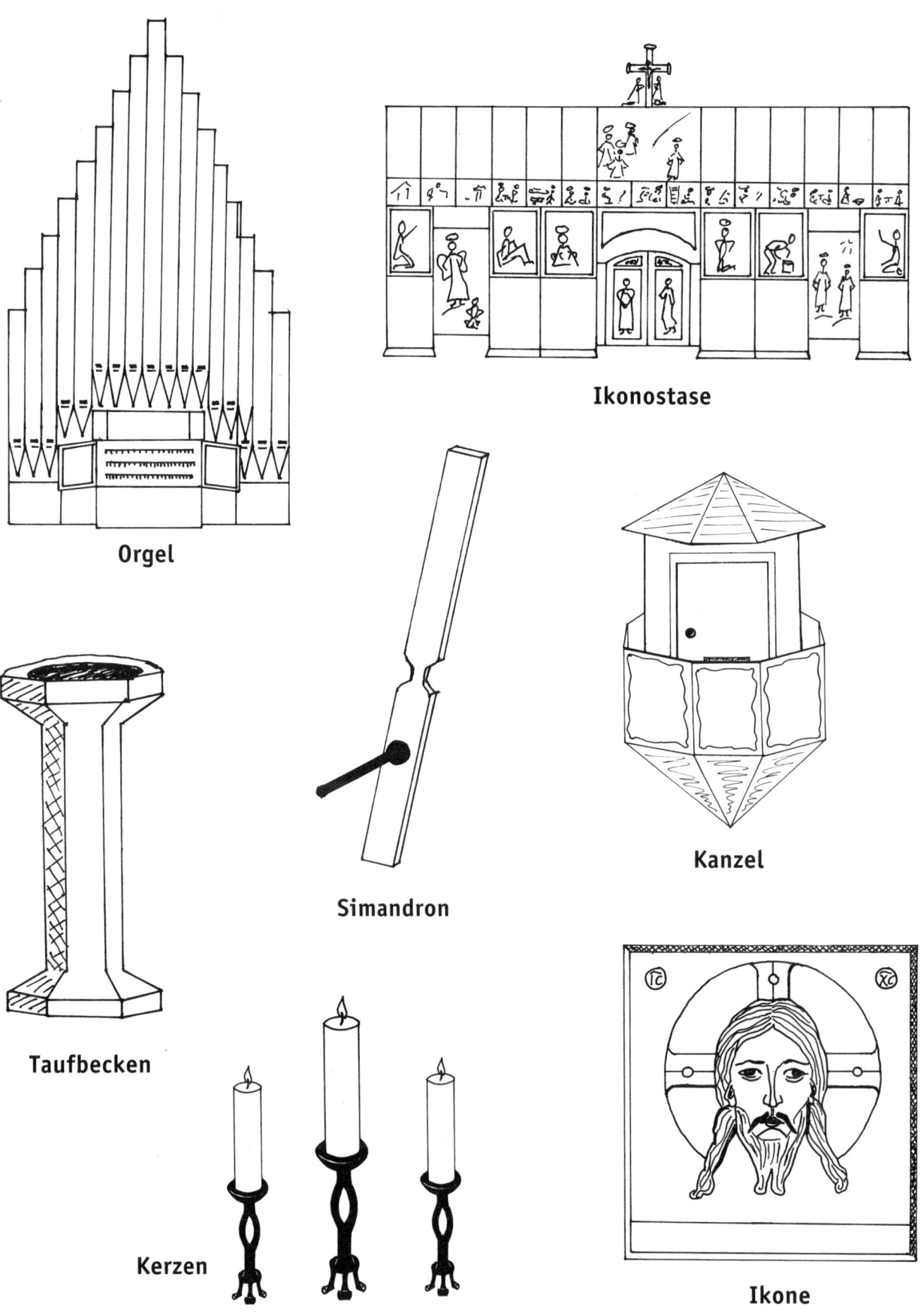

Orgel

Ikonostase

Simandron

Kanzel

Taufbecken

Kerzen

Ikone

Aufgabe: Schneide die einzelnen Karten aus und klebe sie auf festen Karton. Gespielt wird das Spiel Tritett wie ein Quartett (Spielregeln s. folgende Seite).

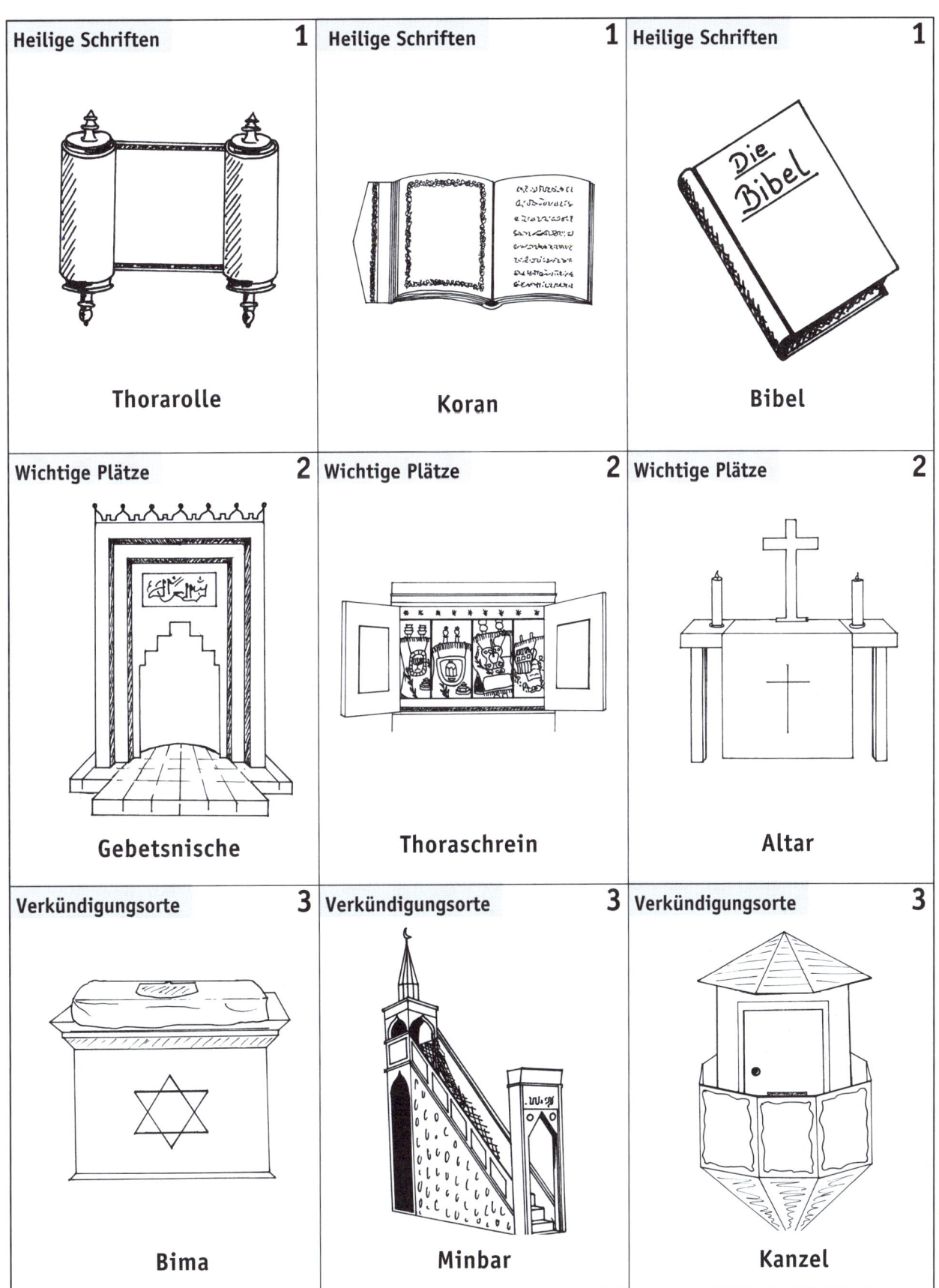

Heilige Schriften 1	Heilige Schriften 1	Heilige Schriften 1
Thorarolle	**Koran**	**Bibel**
Wichtige Plätze 2	Wichtige Plätze 2	Wichtige Plätze 2
Gebetsnische	**Thoraschrein**	**Altar**
Verkündigungsorte 3	Verkündigungsorte 3	Verkündigungsorte 3
Bima	**Minbar**	**Kanzel**

Spielregeln: Es wird immer eine Karte weitergegeben und wer drei Karten zum gleichen Thema (Zahlen) hat, darf den 3er-Pack ablegen. Gewonnen hat, wer zuerst keine Karten mehr hat. Gespielt wird, bis alle Karten abgelegt sind.

Gottesnamen 4	Gottesnamen 4	Gottesnamen 4
Allah	Jahwe	Vater
Gebetshaltungen 5	Gebetshaltungen 5	Gebetshaltungen 5
Kniende	Hände falten	Gebetsschal
Kultgebäude – außen 6	Kultgebäude – außen 6	Kultgebäude – außen 6
Kirche	Moschee	Synagoge

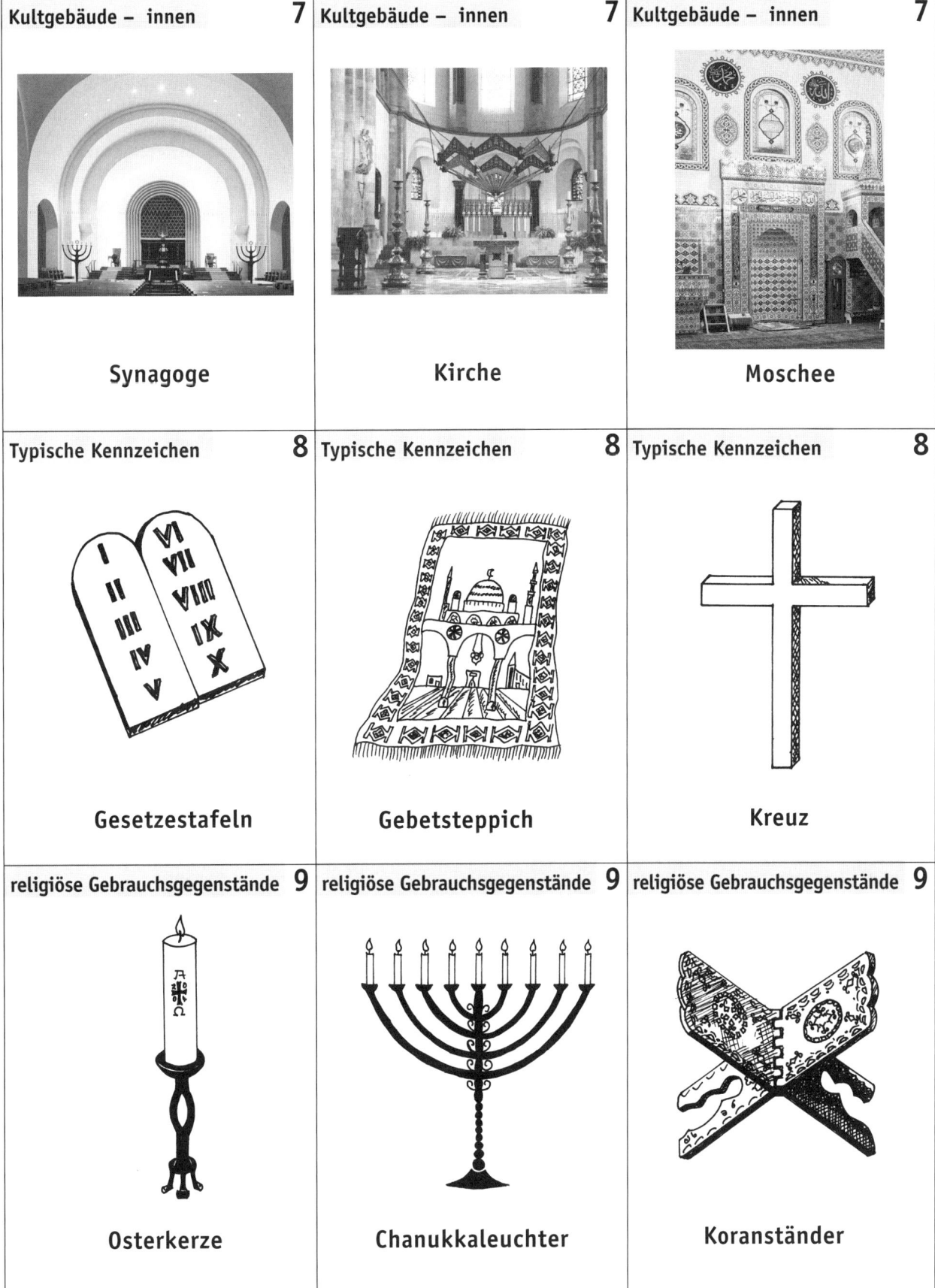

Kultgebäude – innen 7	Kultgebäude – innen 7	Kultgebäude – innen 7
Synagoge	Kirche	Moschee
Typische Kennzeichen 8	Typische Kennzeichen 8	Typische Kennzeichen 8
Gesetzestafeln	Gebetsteppich	Kreuz
religiöse Gebrauchsgegenstände 9	religiöse Gebrauchsgegenstände 9	religiöse Gebrauchsgegenstände 9
Osterkerze	Chanukkaleuchter	Koranständer

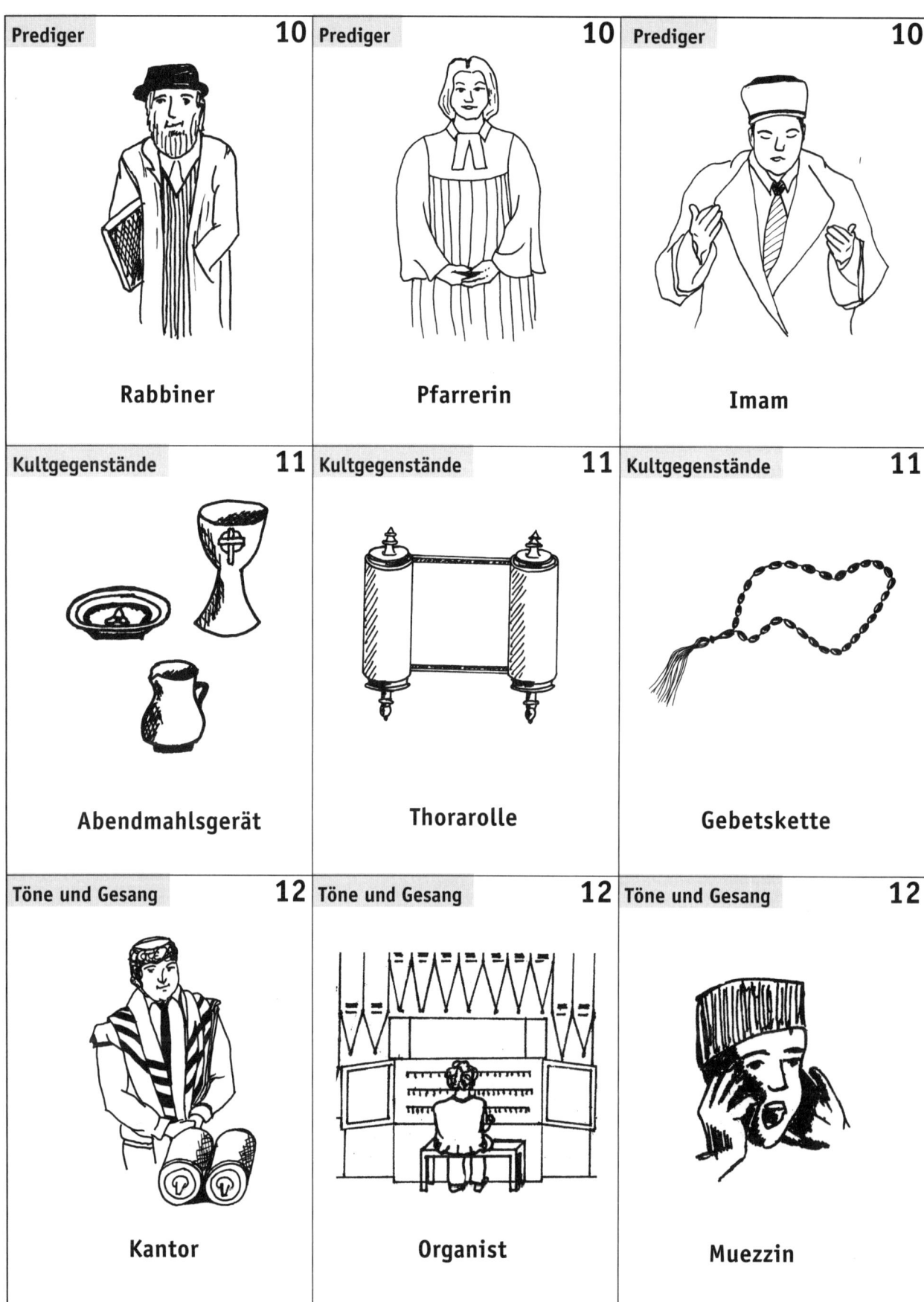

Prediger	10	Prediger	10	Prediger	10
Rabbiner		Pfarrerin		Imam	
Kultgegenstände	11	Kultgegenstände	11	Kultgegenstände	11
Abendmahlsgerät		Thorarolle		Gebetskette	
Töne und Gesang	12	Töne und Gesang	12	Töne und Gesang	12
Kantor		Organist		Muezzin	

Erläuterungen und Lösungen

Zu Arbeitsblatt 1:

Gemeinsame religiöse Merkmale: religiöses Symbol; betonte Frontseite und Eingangsbereich; Türme; zentraler Raum im Inneren

Zu Arbeitsblatt 2:

kein Kultgebäude: unten links (Deutzer Bahnhof);
die anderen Gebäude:
oben links: Kirche (»Alte Kirche«, Langenberg)
oben rechts: Synagoge (Köln)
unten rechts: Moschee (Emir-Sultan-Moschee, Hilden)

Zu Arbeitsblatt 3:

Judentum: Synagoge (1. Reihe, 2. Foto von oben) – Thorarolle (1. Reihe, 3. Foto), Thoraschrein (1. Reihe, 5. Foto), Gebetsriemen (2. Reihe, 1. Foto), Gebetsschal (3. Reihe, 4. Foto),

Christentum: Kirche (3. Reihe, 3. Foto von oben) – Altar (1. Reihe, 1. Foto), Weihwasserbecken (1. Reihe, 4. Foto), Bibel (2. Reihe, 4. Foto), Kanzel (3. Reihe, 2. Foto),

Islam: Moschee (3. Reihe, 1. Foto von oben) – Koran (2. Reihe, 2. Foto), Gebetsnische (2. Reihe, 3. Foto), Gebetskette, (2. Reihe, 5. Foto), Minbar (3. Reihe, 5. Foto)

Zu Arbeitsblatt 5:

Bei diesen Arbeitsblättern ist zuvor eine genauere Besprechung notwendig, um den Gebetsablauf bzw. das Ritual zu verstehen (nähere Hinweise s. S. 77 und 94).
Gemeinsam ist allen drei Abläufen der Respekt vor dem Göttlichen.

Zu Arbeitsblatt 6:

Nr. 1–3: Christentum
Nr. 4–6: Islam
Nr. 7–9: Judentum

Zu Arbeitsblatt 8:

Blatt 1: Das Wort Allah ist das erste Wort des Gebetes, von rechts gelesen (hinter 1.)

Blatt 2: Der Name Gottes – Jahwe – wird im Judentum nicht ausgesprochen. Man liest stattdessen *adonai* – der Herr. Es ist das 3. bzw. 5. Wort in der ersten Zeile, natürlich von rechts gelesen (Tetragramm). Das hebräische Wort für »Gott« lautet *elohim,* hier das 4. Wort in der 1. Zeile (*elohenu* = unser Gott) bzw. das 4. Wort in der 2. Zeile (*elohächa* = dein Gott).

Blatt 3: Das griechische Wort für Vater heißt »pater« und ist das 1. Wort in der zweiten Zeile.

Zu Arbeitsblatt 9:

Blatt 1: nicht zum Islam passen: Thorarolle, Osterkerze

Blatt 2: nicht zum Judentum passen: Taufbecken, arabische Kalligraphie (u. re.)

Blatt 3: nicht zum protestantischen Christentum passen: Ikone, Ewiges Licht

Blatt 4: nicht zum katholischen Christentum passen: Talar mit Bäffchen, Pfarrerin

Blatt 5: nicht zum orthodoxen Christentum passen: Kanzel, Orgel

Notizen

Notizen

Praxis der Begegnung

Über die Feste ihrer Religionen können wir Menschen besser kennen lernen. Solche Begegnungen unterschiedlicher Kulturen fördert dieses Buch: 50 Feste aus Christentum, Islam, Judentum, Buddhismus, Hinduismus und den Stammesreligionen werden vorgestellt. Zahlreiche Bilder sowie rund 100 Geschichten, Legenden, Gedichte und Rezepte laden zu einer lebendigen und friedlichen Annäherung der Kulturen ein.

Gertrud Wagemann
FESTE DER RELIGIONEN – BEGEGNUNG DER KULTUREN
224 Seiten. Mit zahlreichen Abbildungen.
Kartoniert
ISBN 3-466-36592-9

Diese Praxishilfe fördert Begegnungen von Muslimen und Christen und enthält Vorschläge zu deren Gestaltung. Sie leistet Fortbildung und bietet knapp gefasste Informationen zum Islam. Erzieherinnen und Grundschullehrkräfte können so notwendige Kenntnisse zum Dialog zu erwerben.
Zusätzlich werden in der Praxis erprobte Anregungen für Begegnungen in Kita-Gruppen, die Arbeit mit Eltern und für gezielte Fortbildung vor Ort gegeben.

Barbara Huber-Rudolf
MUSLIMISCHE KINDER IM KINDERGARTEN
Eine Praxishilfe für alltägliche Begegnungen
144 Seiten. Mit Abbildungen.
Kartoniert
ISBN 3-466-36587-2

Kompetent & lebendig.
SPIRITUALITÄT & RELIGION

Kösel-Verlag, München, e-mail: info@koesel.de
Besuchen Sie uns im Internet: www.koesel.de

Entdeckendes Lernen

Dieses Buch unternimmt einen konkreten Vergleich und eine – die gesellschaftlichen und geschichtlichen Kontexte berücksichtigende – Gegenüberstellung von Christentum und Islam. Eine wichtige Informationsquelle für vorurteilsfreie Begegnungen.

Andreas Renz/Stephan Leimgruber
CHRISTEN UND MUSLIME
Was sie verbindet – was sie unterscheidet
2. Aufl. 320 Seiten. Mit Abbildungen.
Kartoniert
ISBN 3-466-36647-X

Kirchen zu erkunden kann für Kinder und Erwachsene zu einem spannenden Abenteuer werden – wenn das wie in diesem Buch spielerisch und mit allen Sinnen geschieht. Geschickt haben die beiden Autoren in diesem reich illustrierten Buch neben kunstgeschichtlichen Hintergrundinformationen eine Vielzahl von praktischen Anregungen zusammengestellt, wie Sie mit Kindern eine Kirche entdecken und erspüren können.

Margarete Luise Goecke-Seischab/Frieder Harz
KOMM, WIR ENTDECKEN EINE KIRCHE
2. Aufl. 144 Seiten. Mit zahlreichen farbigen Zeichnungen. Klappenbroschur
ISBN 3-466-36561-9

Kompetent & lebendig.
SPIRITUALITÄT & RELIGION

Kösel-Verlag, München, e-mail: info@koesel.de
Besuchen Sie uns im Internet: www.koesel.de